밀레니얼과 함께 일하는 법

세대차이를 성장에너지로 바꾸다

이은형 지음

밀레니얼과 함께 일하는 법

세대차이를 성장에너지로 바꾸다

이은형 지음

앳워크

나는 지난 50년 동안 경영자들을 관리하고 관찰해오며 배웠던 것들을 정리하려 했지요. 가장 힘들었던 것은 서두의 인용문을 선택하는 일이었습니다. (…) 아무도 흉내 낼 수 없는 버진그룹Virgin Group의 창업자 리처드 브랜슨Richard Branson의 말을 선택했다는 것에 나는 만족합니다. "비즈니스는 사람들에게 풍요롭고 보람 있는 삶을 제공해야 합니다. 그렇지 않으면 아무 가치도 없는 일에 불과합니다." 이 일을 하는 주체는 사람입니다. 또한 성장과 수익을 창출하는 주체 역시 사람이지요. 그러므로 가장 중요한 것은 사람입니다.[1]

- 톰 피터스

너무 다른 신세대를
제대로 읽다

이 책은 '어른'들을 위한 책입니다. 띠지에는 CEO를 위한다고 썼지만 세상의 모든 어른들을 위한 책입니다. 여기서 어른이란 20세기를 열심히 살아온 기성세대, 지금 사회 각계각층의 리더, 또는 중간리더로 활동 중인 분들입니다. 나이 또는 직급으로만 규정할 수 없는 개념입니다. 지금까지 등장했던 '신세대'와는 차원이 다른 '신세대'를 맞아 오리무중에 빠진 분들을 위한 책입니다.

　신세대와 일하기는 참 힘든 일입니다. 일본만화《시바 아저씨》에는 과장의 말에 오로지 휴대전화 문자로만 대답하는 사쿠라 군이 등장합니다. 거래처 사람을 만나서도 억지웃음을 짓지 않고 남들 눈치 보는 일 없이 태연히 문자나 메일을 확인합니다. 이런 사례는 현재 한국의 직장에서도 수시로 나타납니다.

　문제는 어른 또는 리더가 이런 새 친구들과 일을 해서 성과를 내야 한다는 점입니다. 새 친구들은 일의 동료이기도 하고 시장의 주된 고객이기도 합니다. 어른은 괴롭습니다. 급격한 디지털기술의 전환도 힘든데 세대변화, 신세대 중심의 소비흐름을 이해해야 합니다. 언제부터인지 다수가 된 신세대 사원을 채용하고, 교육하고, 배치해야 합니다. 외계인만큼 이해하기 어려운 신인류와 함께 일을 해야 하는 분들, 무엇보다 내 아들딸들의 마음속에 무엇이 들어 있는지 궁금한 분들과 저의 신세대 탐사록을 나누고 싶습니다.

50대인 저의 경우 신세대에 관심 갖게 된 계기는 2년 전쯤 찾아왔습니다. 당시 디지털전환의 흐름이 폭풍우처럼 몰아닥친다고 느꼈습니다. 일선 경영자보다는 덜하겠지만 경영학을 하는 사람들도 시대의 변화에 민감해야 합니다. 그래서 페이스북 친구들의 타임라인에 종종 소개되던 독서클럽 트레바리에서 디지털기술의 변화에 대한 책을 읽고 공부하는 모임을 주관한다기에 일단 가입부터 했습니다.

회원들의 주된 연령대는 20대, 30대였고, 저 같은 50대는 매우 드물었습니다. 활동분야가 무척 다양한 20여 명의 회원들이 모였습니다. 서로 '님'이라는 호칭을 사용하면서 기술사상가 케빈 켈리Kevin Kelly의《인에비터블》, 과학소설가 테드 창Ted Chiang의《당신 인생의 이야기》등과 같은 책을 읽고 토론했습니다. 몇 번의 친목모임도 가졌고요. 저는 당시 번개를 맞는 느낌을 받았습니다. 4차 산업혁명을 공부하려고 갔는데 신인류를 발견한 것입니다. 20~30대의 젊은이들이 공부하고, 토론하고, 교류하고, 사고하는 모습을 가까이에서 보면서 새로운 인류가 탄생하고 있다고 느꼈습니다. 캠퍼스에서 내가 늘 만나고 있는 제자들, 너무도 사랑스럽지만 종종 이해하기 힘든 모습을 보이는 가족, 일가친척 젊은이들의 모습이 겹치면서 이 미지의 세계를 탐험해야겠다는 의욕이 생겼습니다.

제가 이야기하는 신세대는 바로 '밀레니얼 세대'입니다. 학자마다 정의가 다르지만 대체로 1980년대 중반 출생부터 1990년대생을 말합니다. 미국에서는 일부 2000년대 초반생까지를 포함합니다. 한국의 각 기업, 조직으로 치면 대리와 사원급입니다. 이들을 알기 위해 책도 읽고, 유튜브도 시청하고, 소셜미디어 세계에도 더 깊이 들어갔습니다. 밀레니얼 세대는 《하마터면 열심히 살 뻔했다》《아, 보람 따위 됐으니 야근수당이나 주세요》 같은 발칙한 책을 베스트셀러로 탄생시키고, 공정성과 진정성을 중시하며, 착한 기업을 열렬히 응원하는 세대입니다.

이들에 대해 어른 리더들은 여러 유형으로 반응을 합니다. 열심히 디지털기술을 익히면서 시대변화에 적응하려는 '노력형', '꼰대 체크리스트'를 열심히 들여다보며 걱정하면서도 자신은 꼰대가 아니라고 생각하는 '부정형', '꼰대가 어때서!'라며 당당하게 후배들을 훈계하는 '확신형' 등 다양한 모습이지만 사실 너무 다른 신세대의 등장에 살짝 길을 잃었다는 표현이 적당할까요.

이 책을 읽는 어른들에게 씁쓸한 진실을 말하지 않을 수 없습니다. 자식 이기는 부모 없고, 장강長江의 뒷물결은 앞물결을 밀어내는 게 세상의 이치입니다. 그렇다고 신세대 젊은이에게 무조건 항복하자는 이야기가 아닙니다. 그들도 약점이 있고 그들과의 대화법, 소통법이 따로 있습니다. 독자 여러분이 리더로서 조직의 성과, 개인의 성과를 극대화하는 데 약간의 도움이 되길 바라는 마음으로, 뒤늦게나마 이를 발견한 입장에서 아직 고민 중인 분에게 설명해주는 마음으로 이 책을 썼습니다.

이 책의 구성은 크게 두 파트로 나누어집니다. 첫 번째 파트는 밀레니얼 세대가 일으키는 변화를 살펴보면서 우리가 그들을 이해하고 함께해야 할 필요성에 대해 다루었습니다. 세계적인 현상으로 나타나는 밀레니얼 세대의 등장과 함께 한국의 밀레니얼 세대가 보이는 전반적인 특징까지 다루었습니다.

두 번째 파트는 밀레니얼 세대의 특징을 경영의 관점에서 크게 9가지로 정리해서 소개했습니다. 가장 궁금한 특징부터 먼저 읽어도 괜찮으며, 각 특징은 3가지 단계로 구성되어 있습니다. 에피소드, 실제 현상진단 및 분석, CEO에게 드리는 조언입니다. 우선 에피소드에는 이전 세대가 경험하는 세대차이, 혼란, 갈등을 사례로 담았습니다. 저와 제 주변의 경험, 실제 인터뷰 내용 등을 토대로 재구성했습니다. 그다음으로는 실제 현상진단 및 분석입니다. 여기서는 밀레니얼 세대가 고객으로서, 조직의 구성원으로서 가지고 있는 특징을 소개합니다. 예를 들어 너의 취향도 옳고 나의 취향도 옳다거나, 혼자지만 협업도 잘하는 등 언뜻 모순적인 것처럼 보이는 특징부터 진정성을 추구하며 성장을 중시하는 성향처럼 신세대에 대한 편견 탓에 미처 제대로 알아보지 못했던 점들까지 밀레니얼 세대의 다양한 면면들을 소개합니다. 마지막에는 CEO에게 드리는 간단한 조언으로 마무리했습니다.

아날로그 세대인 제가 밀레니얼 세대의 문화, 감각, 관심사 등에 눈뜨도록 도와준 페이스북 친구들, 2년 전 놀라움과 깨달음을 주었던 트레바리 '어떤 혁신'의 클럽장과 친구들, 이나리 대표가 진두지휘하는 일하는 여성 커뮤니티 '헤이조이스'에서 신선한 자극을 전해준 밀레니얼 세대 친구들에게 고마움을 전합니다.

새벽마다 컴퓨터 앞에 앉아 딴세상 사람처럼 연구와 글쓰기에 몰두해온 저를 이해하고 응원해준 우리 집 세 남자를 빼놓을 수 없습니다. 밀레니얼 세대인 두 아들이 처음부터 끝까지 이 책의 숨은 조력자였습니다. 부모는 누구보다 자식을 잘 알지만 자식 세대는 잘 모른다는 걸 이번에 배웠습니다. 이 책은 무엇보다 그 깨침의 의미 있는 기록입니다.

차례

Part 1
우리가 알아야 할 그들, 밀레니얼 세대

PART
1

Millennials

우리가 알아야 할 그들,
밀레니얼 세대

1 ——————— 신인류의 탄생

그들은 어느새 우리를 둘러싸고 있다. 그들이 누구인지, 새로운 세대가 등장한 의미가 무엇인지 미처 알기도 전에 그들은 시장을 지배하고 조직의 중요한 부분을 차지하고 있다. 지금 이 사회에서 자신이 중심이라고 생각하는 40대, 또는 50대 이상의 세대가 그동안의 경험이나 사고체계로는 도저히 이해하기 어려운 일들이 시장에서, 고객들 사이에서, 그리고 조직 내에서 일어나고 있다. 그들은 누구인가.

새롭게 등장하는 세대의 모습은 여러 가지로 나타난다. 먼저 고객으로서의 그들이다. 자신들의 취향을 뚜렷하게 드러내면서 기존의 대량생산 제품을 거부하는가 하면, 자신들의 취향에 맞기만 하면 소셜미디어로 확산시켜 팬덤이 만들어지기도 한다. 그들은 고객이면서 단순한 고객을 뛰어넘는다. 제품을 마케팅하는가

하면 제품의 개발까지 참여하고자 한다. 커뮤니티 등을 통해 자신들의 전문성을 융합하고 발전시켜 제품과 회사를 키우는 역할도 한다. 자신들이 보기에 옳지 않다면 사이버 세상에서 패러디하면서 응징하기도 한다.

그들은 제품을 수동적으로 받아들이는 과거의 고객이 아니다. 유튜브와 같은 1인 미디어에서 자신의 의견과 취향을 나누고, 그것이 많은 사람들의 공감을 얻을 때는 사업가로 일약 떠오르기도 하며, 연예인 못지않은 인기와 부를 누리기도 한다. 또한 조직의 구성원으로서 위기와 기회를 동시에 제공한다. 그들은 뛰어난 기술과 적응력, 협업능력 등을 갖췄으면서 동시에 기존 질서를 무시하고, 개인을 중시하며, 조직과 대등한 계약관계임을 내세우면서 기성세대를 꼰대로 만들고 기존의 조직문화를 뒤흔든다. 성공이나 출세 따위에는 관심이 없는, 도무지 열정 없는 모습인가 하면, 자신의 취향이나 주관을 고집스럽게 내세우고 양보하지 않는 모습을 보인다. 회사의 일에 대한 기본적인 에티켓이나 개념이 없는 듯하지만 디지털기술이나 새로운 변화에는 기가 막히게 적응하고 앞서간다.

새로운 세대를 가리키는 이름은 다양하다. 대략 1980년대 중반부터 2000년까지 기간, 즉 천 년이 끝나고 시작되는 전환점에 태어났다는 의미의 '밀레니얼 세대Millennials', 디지털환경에서 어린 시절을 보냈다는 의미의 '디지털네이티브Digital Natives', 인터넷이라는 새로운 세상을 누리고 지배한다는 의미의 '넷제너레이션

Net Generation' 등 여러 가지 이름을 가진 그들. 세계적인 저술가이자 경영전략 컨설턴트인 돈 탭스콧Don Tapscott은 "천 년의 끝에 태어나 새로운 천 년을 이끌어갈 세대"며 "최초의 글로벌 세대이자 디지털 세대"라고 불렀다.[2] 밀레니얼 세대를 10년 동안 계속 연구해온 린 랭카스터Lynne C. Lancaster와 데이비드 스틸먼David Stillman은 "향후 20년간 기업과 사회를 지배할 새로운 인류"라고 말하기도 했다.[3] 영국의 경제지《파이낸셜타임스》는 세계인구의 25퍼센트를 차지하며 경제질서를 새롭게 재편하기 시작한 밀레니얼 세대의 본격적인 등장이 시작됐다고 선언하면서, 이렇게 변화하는 현 시점을 "밀레니얼 모먼트"라고 표현했다.[4]

조안느 수잔스키Joanne G. Sujansky와 잔 페리-리드Jan Ferri-Reed는 《조직 내에 밀레니얼 세대를 유지하는 법》에서 지금 기업들이 밀레니얼 세대를 제대로 파악하지 못한 채 과거의 조직문화 및 인사관리 방법을 그대로 유지함으로써 많은 손실을 보고 있다고 주장했다. 거대한 고객으로, 그리고 조직 내의 주요한 구성원으로 비중이 높아지는 밀레니얼 세대를 기업들이 이해하려고 노력해야 한다는 것이다. 이들은 과거의 마케팅기법, 인사관리 정책 등을 모두 원점에 두고 새롭게 정립해야 하며, 무엇보다 기업의 주요한 의사결정을 하는 고위임원들의 변화가 시급하다고 했다.[5]

미국, 유럽 등에서 그들에 대해 주목하고 연구하는 흐름은 몇 년 전부터 있었으나, 우리나라의 경우 아직 연구가 부족한 상황이다. 지금 시작해도 늦었다고 많은 전문가들은 경고한다. 과연 그들은 누구인가.

밀레니얼 세대는 이미 최대 고객층으로 등장해 모든 산업, 모든 기업의 전략, 마케팅, 제품생산 등을 변화시키고 있으며, 동시에 조직의 구성원으로 자리를 차지하면서 조직문화를 바꾸는 중이다. 무엇이라고 부르든 그들은 앞으로 10년, 심지어 20년까지 세상을 움직일 것으로 예상된다. 이 책에서는 그들을 '밀레니얼 세대'로 부르기로 한다. 최근 이 용어가 가장 많이 쓰이기 때문이다. 밀레니얼 세대를 특징짓는 가장 중요한 요소는 '디지털기술'이다. 나라별로 디지털기술의 발전속도에 차이가 있고 문화적 배경도 다르기 때문에 모든 나라의 세대구분이 같을 수는 없다. 하지만 밀레니얼 세대만큼 세계적인 공통점을 갖는 세대는 역사적으로 여태껏 없었다. 글로벌화가 심화되고 IT기술의 발달로 세계가 연결돼 있어서다. 나라마다 약간씩 차이가 있더라도, 지금까지와 완전히 다른 신인류가 탄생하고 그들이 사회의 중심으로 진입해 온 것만은 부인할 수 없다. 과거의 신세대와 구별되는 그들과 소통하지 못한다면 사업기회도 잡을 수 없고, 조직의 생존도 장담할 수 없는 상황이다.

세대 전체로 보면 밀레니얼 세대는 부모세대보다 가난해지는 첫 번째 세대라고 한다. 경제성장 측면에서 세계는 오름세를 지속해왔으므로 자녀세대가 부모세대보다 더 잘사는 것이 당연했었다. 하지만 밀레니얼 세대는 세계경제의 흐름이 전반적으로 성장의 한계에 이른, 수축사회의 시기에 태어나거나 성장했다. 그래서 부모세대보다 소득이 낮아질 것으로 예상된다. 밀레니얼 세대가 경제적인 측면에서 갖는 복합적인 사고는 여기에서 기인한다. 부모세대만큼 치열하게 일한다고 해도 그만한 보상이 따르지 못한다는 사실을 깨닫자 그들은 소소한 행복에 만족하는 삶을 선택했다. 하지만 비교적 풍요로운 어린 시절을 보냈기에 궁핍함은 참기 어렵다. 풍족하게 지내고 싶지만 자신의 소득은 그에 미치지 못한다. 돈을 많이 벌고 싶어도 돈을 벌기가 어렵다. 미래를 위해 현재를 희생하는 것 또한 불가능하다. 따라서 돈을 벌면 쓴다. 미래를 위해 허리띠를 졸라매기보다는 현재의 즐거움을 추구하면서 소비한다. 이토록 밀레니얼 세대의 경제관념은 복합적이다.

하지만 개별적으로 보면 또 다르다. 개인에 따라 부모세대와는 비교가 안 될 만큼 놀라운 성공스토리가 있다. 20대에 세계적인 백만장자 사업가가 되는 사람들이 종종 있다. 페이스북Facebook의 창업자 마크 저커버그Mark Zuckerberg나 에어비앤비Airbnb의 창업자 브라이언 체스키Brian Chesky와 같은 해외의 사례를 들 필요조차 없다. 우리나라에도 사례가 적지 않다. 전 세계를 대상으로 비즈니스를 꿈꾸기를 두려워하지 않는 그들, 누군가와 패션스타일을 나누고 정보를 공유하는 앱만으로 수천억 원의 기업가치를 창출하는 그들. 이런 놀라운 현상을 만들어내는 그들은 누구인가. 수십 년 전으로 거슬러 올라갈 것도 없이 불과 10년 전만 해도 낯설었던 풍경을 가능케 한 이들. 기성세대는 그들을 완전히 이해할 수 없을지 모른다. 하지만 먼저 인정해야 할 건 그들이 앞으로 세상을 지배할 것이고, 세상을 바꿀 것이며, 성공문법을 완전히 새롭게 할 것이라는 사실이다. 따라서 그들을 이해할 수는 없어도 함께 일 해야 하고, 그들을 고객으로 만들어야 한다. 그래야 여러분이 설 자리가 있고, 사업기회가 있고, 여러분의 조직은 생존할 수 있다.

밀레니얼 세대를 주목하고 연구하라

세계적으로 밀레니얼 세대에 대한 관심이 커지는 가운데 가장 활 발하게 연구가 이루어지는 나라는 미국이다. 컨설팅사 액센츄어 Accenture, 퓨PEW리서치센터, 프라이스워터하우스쿠퍼스PWC, 딜로 이트Deloitte 등 많은 기관이 밀레니얼 세대의 영향력을 분석하고, 어떻게 대응할지 고심하면서 보고서를 내고 있다. 액센츄어는 미 국 밀레니얼 세대의 경제적인 영향력이 급증하고 있다고 분석하 면서, 향후 30년 동안 베이비붐 세대에서 밀레니얼 세대로 30조 달러 이상의 부가 이동할 것으로 예측했다. 부의 이동은 자녀의 주 택구매를 위해 부모가 돈을 빌려주는 형태인 '부모대출'로 시작되 어 앞으로 부모세대의 사망 및 상속을 통해 지속될 것이라고 한다.

영국의《파이낸셜타임스》는〈밀레니얼 모먼트〉특집기사에 서 영국, 중국, 일본 등의 밀레니얼 세대를 다루면서 그들을 이해 하지 못하면 비즈니스뿐만 아니라 조직운영을 성공적으로 하기 어렵다고 강조한다. 딜로이트는 전 세계 30여 개국 8000여 명에 이르는 대졸 밀레니얼 직장인을 대상으로 설문조사를 실시하고, 그 결과를 보고서로 작성해 매년 세계경제포럼WEF에서 발표하고 있다.

세대갈등과 세대 연구에 정통한 린 랭카스터Lynne Lancaster와 데이비드 스틸먼David Stillman은《세대 간의 충돌》이라는 책에서 세대 차이와 그 차이를 메우는 방법을 다룬 바 있다. 이들은 여러 세대에 대한 연구를 했지만 "밀레니얼 세대야말로 가장 획기적이며 지금까지와는 다른 신세대"라고 규정한다. 전통 세대(1946년 이전 출생), 베이비붐 세대(1946~1964년 출생), X세대(1965~1981년 출생)에 이어 밀레니얼 세대(1982~2000년 출생)로 구분하면서 X세대가 출현했을 때 기성세대에게 많은 충격을 주었지만 밀레니얼 세대에 비할 바는 아니었다고 분석했다.[6]

또한 랭카스터와 스틸먼은《밀레니얼 제너레이션》에서 밀레니얼 세대에 대해 분석하고 진단했다.[7] 이들은 밀레니얼 세대의 특징을 'M팩터'라고 정의하면서 부모, 권능감, 의미, 높은 기대치, 빠른 속도, 소셜네트워킹, 협력 등 7가지를 제시한다. 첫째, 밀레니얼 세대는 이전 세대와 달리 부모와 무선탯줄로 연결되어 있다고 할 만큼 밀접한 관계를 가진다. 그들은 부모와 여러 가지 중요한 결정에 대해 상의하고, 진로에 대해 조언을 구하기도 한다. 둘째, 밀레니얼 세대는 권능감이 강하다. 그들은 어린 시절부터 칭찬을 받으며 자랐고 원하는 것을 누릴 수 있었기에 무엇이든 성취하는 게 가능하다고 여긴다. 그래서 권리에 대한 요구가 당당하다. 셋째, 밀레니얼 세대는 삶에서 의미를 찾으려 하고 사회에 대해서도 의미 있는 영향력을 행사하고 싶어 하기에 '임팩트'라는 개념을 좋아한다. 넷째, 밀레니얼 세대는 성취와 성공에 대해 높은 기대치를 가진다. 어린 시절부터 많은 경험을 하고 글로벌 개념이 발달해 회사와 자신의 역할에 대한 기대치가 높다. 다섯째, 밀레니얼 세대는 컴퓨터, 인터넷, 모바일 등을 능숙하게 다루며 동시에 여러 일들을 하는 멀티태스킹이 가능하다. 빠른 속도를 당연하게 여긴다. 인내심이 없다고 평가받는 것도 이 때문이다. 여섯째, 소셜네트워크에 익숙하며 이전 세대와는 차원이 다른 온라인 커뮤니케이션을 하고 네트워킹하는 방식도 완전히 다르다. 그리고 수평적으로 정보를 공유하며 서로 협력하는 것에 익숙하다. 일곱째, 밀레니얼 세대는 모르는 상대방과 온라인에서 게임을 하면서 협업을 경험했기에 팀워크에 익숙하다. 따라서 그들에게 팀프로젝트 형식으로 일을 맡기면 더 잘 해낸다.

랭카스터와 스틸만의 분석은 미국의 밀레니얼 세대를 대상으로 삼았지만 그 특징의 상당 부분이 다른 나라 밀레니얼 세대에게도 적용된다. 그 이유는 디지털 전환이라는 큰 흐름이 세계 모든 나라에 영향을 미쳤기 때문이다. IT기술의 급속한 발전으로 전 세계가 하나의 '망(인터넷)'으로 통합되는 시기에 자란 세대여서 공통점이 많다. 따라서 밀레니얼 세대의 특징을 디지털네이티브의 측면에서 살펴보면 더욱 그들을 이해하기 쉽다.

디지털네이티브, 밀레니얼 세대의 다른 이름

밀레니얼 세대가 세계적으로 공통된 특성을 보이는 것은 디지털 기술에 의한 통합 때문이다. 디지털기술로 세대를 나눈다면 디지털네이티브, 디지털이민 세대, 아날로그 세대라고 할 수 있다. 밀레니얼 세대는 디지털환경, 즉 컴퓨터와 인터넷, 소셜미디어, 스마트폰 등이 갖춰진 시대에 어린 시절을 보내 디지털기술이나 언어를 모국어처럼 익힌 디지털네이티브다.[8] 이 개념을 처음 제시한 마크 프렌스키Marc Prensky는 자신의 논문에서 "미국교육의 낙후성을 이야기하는 데 있어 간과하는 것이 있다. 우리가 현재 가르치는 학생들은 우리의 교육시스템이 설계되던 당시의 학생들과 다르다는 점이다"라고 했다. 디지털네이티브는 정보를 주고받는 속도가 매우 빠르다. 정보를 처리하는 동시에 다른 일도 가능한 멀티태스킹에 능하다. 또 그들은 문자보다 그래픽, 비디오 정보를 선호하고 진지한 일보다 게임과 놀이를 선호한다.

디지털네이티브란 나라마다 차이가 있을 수 있겠지만 대체로 1980년 이후에 태어난 세대를 일컫는다. 그들에게 IT기술은 일상이며 자연스러운 것이다. 디지털기술의 발달은 세상을 더 편리하게 해주는 것일 뿐 두려움은 없다.

이에 비해 성인이 된 후에 디지털기술을 배우고 익혀서 사용하는 이들이 있다. 이 디지털이민 세대는 1960~1970년대에 태어나 성인이 되어 디지털기술을 접했기에 디지털언어를 따로 학습하고, 디지털환경에 적응해야 한다. 프렌스키가 예로 드는 디지털이민 세대의 특징에 따르면, 이들은 컴퓨터 화면으로 서류를 읽기보다는 프린트해야 편하고, 이메일을 보내놓고 "내 이메일 받았어?"라고 전화로 확인해야 직성이 풀린다. 이들에게 IT기술은 신기술이며 새로운 세상이다. 신문물로서의 컴퓨터, 인터넷, 모바일 등을 익히고 받아들이느라 노력하며 살지만 편하게 느끼기는 힘들다.

한편 아날로그 세대는 중장년 이후에 디지털기술을 접했기 때문에 디지털문화를 수용하지 못하거나 기술을 제대로 익히지 못했다. 이들은 컴퓨터와 인터넷을 활용하긴 하지만 아주 제한적이며 불편하게 느낀다. 모바일뱅킹이나 모바일결제를 아주 위험하다고 여길 뿐 아니라 되도록 자신의 개인정보를 컴퓨터나 스마트폰에 입력하지 않으려고 노력한다.

경영전략가 돈 탭스콧은 디지털시대에 태어난 세대를 이해해야 경영을 제대로 할 수 있다고 주장한다.[9] 디지털기술을 사용하고 디지털세계에서 시간을 보내며 사는 신세대는 사고방식, 행동, 가치관 등에서 완전히 다르다는 해석이다. 돈 탭스콧이 분석한 '밀레니얼 세대의 특징'은 다음 8가지다.

첫째, 자유를 중시한다. 디지털세계에서 주도권을 쥐고 선택하는 데 익숙한 밀레니얼 세대는 어디에서든 선택의 자유를 원한다. 이것은 고객으로서의 자유, 조직구성원으로서 일터에서의 자유, 모두를 의미한다.

둘째, 개성에 맞게 맞춤제작한다. 이것은 그만큼 개인의 취향이 앞선다는 의미다. 대량생산 시대에 공급자 중심으로 판매가 이루어졌다면 이제 소비자가 취향에 맞는 제품을 선별해서 구입한다는 뜻이다. 모두를 위한 제품이 아니라 자신을 위한 제품을 추구하는 것이다. 시장은 고객의 취향에 따라 세분화되고, 오히려 스몰브랜드가 주목받는 현상이 나타난다.

셋째, 철저한 조사능력을 가지고 있다. 이는 밀레니얼 세대가 인터넷 세계에서 필요한 정보를 즉시, 정확하게, 풍부하게 습득하는 데 익숙하다는 의미다. 강의실에 앉아 교수의 강의를 듣고 있는 밀레니얼 세대의 학생들은 사실 마음만 먹으면 교수보다 더 많은 정보를 습득할 수 있다. 그들은 어디에 무엇이 있는지를 찾는 능력도 뛰어나다. 최근 화장품이나 물휴지, 아기용 제품 등의 성분을 분석하고 공개하는 커뮤니티가 활발하게 움직이면서 기업을 압박하는 사례들은 이런 특징을 반영한다.

넷째, 성실하고 약속을 지키며 선한 일을 하려 한다. 밀레니얼 세대는 전 세계적으로 사회를 개선하려 하고, 환경을 중요하게 생각하며, 선한 영향력을 미치려 한다. 그들은 임팩트라는 개념을 사회를 더 나은 방향으로 움직이게 만드는 영향력으로 여긴다.

다섯째, 협업에 익숙하다. 어릴 때부터 수십, 수백, 수천 명과 커뮤니케이션하면서 자라온 그들은 공동작업에 익숙하다. 뭔가를 함께하거나, 모르는 사람과 소통하며 의견교환을 하는 데 거리낌이 없다. 혼자여도 한편으로 연결되어 있는 것이 그들에게는 자연스럽다.

여섯째, 일도 놀이처럼 즐거워야 한다. 게임을 하면서 자랐고, 성인이 되어서도 만화, 게임 등을 소비하는 세대다. 그들은 인터넷 세상에서 놀이를 즐긴다. 자신이 좋아하는 것을 동영상으로 만들어 올리고, 가벼운 놀이를 한다.

일곱째, 속도가 중요하다. 그들에게 세상은 얼마나 즉각적인가 생각해보면 이해할 수 있다. 소셜미디어를 통한 의사소통은 즉각 수백, 수천, 수만 명과 이루어진다. 채팅앱을 통해 문자를 보내고 즉시 답이 오지 않으면 초조해하는 것도 즉각적인 의사소통에 익숙해서다. 모든 것이 빠르게 이루어지기를 기대하다보니 인내심이 부족하다는 평을 듣기도 한다.

여덟째, 혁신을 사랑한다. 그들에게 기술의 발달은 일상이며 공기와 같이 익숙하다. 짧은 기간 내에 새로운 제품이 나오고, 새로운 기능이 선보이는 것이 당연하다. 밀레니얼 세대에게는 몇 개월 전에 나온 제품도 구식으로 여겨진다.

돈 탭스콧이 분석하는 밀레니얼 세대의 특징도 나라마다 조금씩 다르게 적용될 수 있다. 하지만 어느 때보다 글로벌화가 심화되고, 디지털기술의 발달이 전 세계를 빠르게 평준화하면서 많은 특징들을 공유하게 됐다. 그런데 이 밀레니얼 세대들을 직장인으로 한정시킨다면 또 어떤 특징을 보여줄까?

2 ——————— 직장인으로서의 밀레니얼 세대

밀레니얼 세대의 진출은 기업에서도 두드러진다. 1980~1990년대생은 지금 가장 활발하게 취업하는 중이고, 조만간 조직에서 상당한 비중을 차지할 전망이다. 최근 몇 년간 신입사원을 많이 뽑은 기업의 경우 밀레니얼 세대가 30퍼센트에 육박한다. 밀레니얼 세대가 조직에 진입하면서 조직문화에 큰 변화가 일어나고 있다. 조직의 세대갈등은 언제나 있어왔으나 지금은 훨씬 심층적이고 근본적이라는 것이 특징이다.

언제부터인가 '꼰대'라는 호칭이 젊은 세대를 중심으로 등장하더니 나이 든 선배나 상사가 거의 공공의 적으로 여겨지는 분위기다. 젊은 직원들에게 피드백하기가 겁난다는 선배와 상사들의 하소연이 적지 않다. 꼰대가 되지 않는 길은 그냥 입 다물고 있어야 하는 건가 생각하니 자괴감이 든다는 임원들도 있다. 직원들에게 비전을 제시하고, 조직문화에 대해 의사소통하며, 전략에 대한 공감대를 형성하는 것이 리더의 역할이건만 세대가 다른 구성원과의 커뮤니케이션을 어떻게 해야 할지 막막하다는 것이다.

일부 조직은 젊은 직원들과의 거리감을 없애보려고 다양한 시도를 하고 있다. 복장을 자율화해 청바지와 운동화를 입으라고 권하기도 하고, 직급을 없애고 '님'이라는 호칭을 사용하기도 하지만 그 효과는 기대 이하다. 심지어 '청바지 꼰대'라는 냉소 어린 비아냥까지 들린다. 조직의 리더들 사이에 꼰대 공포감이 감돈다.

기업에 신입사원으로 진입한 그들은 전 세대와 크게 다른 행동을 보이면서 기성세대를 당황케 하고, 조직문화에 큰 균열과 갈등, 그리고 변화를 불러일으키고 있다. 처음에는 소수의 별난 신입사원에 국한되는 모습이라 여겨졌지만 점점 그 규모가 커지고 조직에 미치는 영향이 막대해지면서, 그들을 이해하고 연구해 적절하게 대응하려는 노력이 진행되고 있다. 하지만 고객으로서의 밀레니얼 세대를 분석하려는 작업은 진척이 있는 데 비해 조직구성원으로서의 밀레니얼 세대를 분석하는 작업은 그리 많지 않다. 사실 고객을 구성하는 밀레니얼이 바로 조직의 신입사원인데도 말이다.

그나마 글로벌하게 밀레니얼 세대의 직장인을 분석하려는 노력은 딜로이트가 하고 있다. 딜로이트가 작성한 2017년 보고서에 따르면 밀레니얼 직장인들의 44퍼센트가 '기회만 주어진다면 2년 내에 직장을 떠날 것'이라고 답했다. 그 이유로 리더십 계발의 기회부족 및 승진제외, 일과 개인생활의 균형, 근무환경 유연성, 비즈니스가치를 둘러싼 중요한 이슈를 들었다.

딜로이트 보고서에 따르면, 밀레니얼 세대에게는 개인의 가치관과 목표가 중요하다. 그래서 직장을 선택할 때조차 자신의 가치관과 조화를 이루는지를 따진다. 그들은 비즈니스의 초점을 이익추구보다는 사람, 제품, 기업의 가치에 맞춘다. 따라서 밀레니얼 세대는 자신이 속한 조직의 재무적 성과보다 조직의 지향점을 더 우선시하며 자신의 가치와 업무능력을 개발하는 것 역시 중요하게 생각한다. 기업의 리더들은 이런 밀레니얼 세대의 인식을 정확하게 이해하는 것이 필요하다고 딜로이트 보고서는 밝혔다. 밀레니얼 세대는 자신과 가치관이 유사한 고용주를 원하며, 수익창출도 중요하게 여기지만 조직이 너무 수익에만 치중하는 것을 부정적으로 생각했다.

딜로이트글로벌의 CEO 푸닛 렌젠Punit Renjen은 "한 세대 전만 해도 많은 전문직들이 고용주와의 장기적인 관계를 지향했고 대부분은 상사의 업무지시에 '노No'라고 대답하는 것을 꿈도 꾸지 못했다. 그러나 밀레니얼 세대는 보다 독립적이고 조직의 목표보다 개인의 가치를 우선시한다"고 말했다. 따라서 밀레니얼 세대 사원에게 상사가 시키는 일에 무조건 복종하라고 지시하는 것은 매우 강압적으로 받아들여질 수 있다.

직장에서 의사결정을 할 때 영향을 끼치는 요인을 묻는 질문에서 밀레니얼 세대들은 개인적 가치와 윤리를 최우선으로 꼽았다. 그들은 개인적 가치관에 반하는 일을 하도록 요구받을 때 자신의 입장을 고수하는 데 주저하지 않는다. 이러한 경향은 회의실에서 목소리를 낼 수 있는 시니어 밀레니얼(초급 관리자)에게서 더욱 두드러졌다. 그들은 조직의 타깃과 목표를 달성하는 것만큼이나 개인적 가치를 판단의 준거로 고려하는 것으로 나타났다.

밀레니얼 세대는 일과 생활의 균형을 중요하게 생각한다. 그들은 부모님 세대가 야근, 주말근무 등 장기근로를 통해 오늘의 경제발전을 이뤘고, 덕분에 자신들이 어려움 없이 자랄 수 있었음을 잘 알고 있다. 그러나 부모님 세대처럼 장기근로를 하면서 가정을 희생하고 싶어 하지 않는다. 밀레니얼 세대는 힘든 일을 지속하거나 어려운 상황을 견디는 데 익숙하지 않다. 더구나 일하느라 개인의 생활을 희생하는 삶은 선택하려 들지 않는다. 자신들은 휴가를 내서 여행을 다니고 주말이면 자전거를 타고 강변을 달리는 등 하고 싶은 일을 즐기면서 살고 싶어 한다.

이런 특성은 유연근무제 등 근무환경의 유연성을 선호하는 현상과 연결된다. 근무하는 시간과 장소를 선택할 자유를 갖는 것은 밀레니얼 세대에게 큰 의미가 있다. 조사에서 밀레니얼 세대 중 75퍼센트가 '생산성이 가장 잘 발휘될 수 있는 장소에서 근무하고 싶다'고 응답했다. 그곳이 집이든 카페든 자신이 일하고 싶은 장소를 선택할 수 있기를 바란다.

밀레니얼 세대는 자신의 역량을 개발하고, 성장하고픈 욕구가 강하다. 새로운 업무방식, 역량계발, 멘토링을 받는 것에 더 많은 시간을 할애하고 싶어 한다. 보고서에서 63퍼센트에 가까운 밀레니얼 세대는 자신들의 '리더십 역량이 완전히 계발되지 않았다'고 느끼고 있었다. '2년 내 현재의 고용주를 떠날 것'이라고 대답한 사람의 71퍼센트가 현 조직 내 리더십 역량의 계발에 불만을 품고 있었다. 그들은 어린 시절부터 많은 것을 경험했다. 디지털기술과 인터넷환경에 힘입어 전 세계와의 연결을 당연하게 여기며 자랐다. 무엇이든 검색만 하면 자신이 원하는 정보를 얻을 수 있다. 밀레니얼 세대는 대학생활을 하면서 세계여행, 인턴십, 어학연수 등을 통해 해외경험도 풍부하게 한다. 하지만 입사를 하는 순간 어린아이 취급을 받는다.

그들은 자신보다 디지털기술의 역량이 떨어지고, 세상 돌아가는 상황에 대한 업데이트도 안 되어 있는(있다고 보이는) 어른들로부터 어린아이 취급을 받으면서 절망한다. 직장에 비합리적인 문화가 관행이라는 명목으로 존재하고, 더 쉬운 방법이 있는데도 어렵게 일하는 모습을 보면서 문제가 있다고 판단하지만 어른들은 이런 문제를 개선할 마음도 없고, 가르쳐줘도 모를 것 같다. 그런데 어른들은 자신들에게 지시하고 훈계하며 야단까지 친다. 밀레니얼 세대는 이럴 때 마음을 닫아버린다. 꼰대라는 용어가 밀레니얼 직장인들 사이에서 가장 큰 공감을 얻는 이유다.

밀레니얼 세대는 소셜미디어에서의 연결을 중시한다. 그들의 선배는 부모, 친척들이 좋은 직장이라고 인정하는 곳에 취업하면 성공했다고 생각했다. 밀레니얼 세대는 소셜미디어에서 친구들이 '좋아요'라고 반응하는 곳을 선호한다. 소셜미디어에서의 평판은 밀레니얼 세대에게 무엇보다 중요하다. 그들에게 자랑거리, 놀 거리, 의미 등이 될 만한 스토리를 연결해주는 것이 좋다. 그들은 자신의 회사에서 하는 멋지고 희귀한 행사, 직원들에게 부여되는 복지정책 중 자신들의 취향에 맞아떨어지는 것, 조직의 역사와 관련이 있는 재미있는 이야기가 있을 때 자랑스럽게 생각하고 공유한다.

　지금까지 밀레니얼 직장인에 대한 딜로이트 보고서는 매년 출간되면서 약간씩 변화하는 세계적 트렌드를 반영한다. 그렇다면 한국의 밀레니얼 세대 직장인은 어떤지 살펴보자.

한국의 밀레니얼 직장인의 모습들

한국의 밀레니얼 세대에 대한 조사는 글로벌 조사결과와 공통점도 있고 차이점도 있다. 가장 참고가 될 만한 자료는 2016년 대한상공회의소에서 실시한 설문조사다. 대한상공회의소가 1980년 이후 출생한 대졸 신입사원 340명(대기업 108명, 중소기업 232명)을 대상으로 조사를 벌인 결과, 42.0퍼센트에 이르는 신세대 신입사원들이 이직을 준비하고 있었다. 그중 23.8퍼센트는 이직 절차를 진행 중이었으며, 18.2퍼센트는 이직을 위해 공부 중이었다. '당장은 아니지만 향후 이직할 수 있다'는 응답도 55.9퍼센트나 됐으며

'현 직장이 평생직장'이라는 응답은 2.1퍼센트에 불과했다.

신세대 직장인들이 이직을 결심하는 주된 이유에 대해 복수 응답을 했는데, '임금이나 복리후생 등 더 좋은 조건을 찾아서'가 66.8퍼센트로 가장 많았고, '업무가 맞지 않아서'가 34.7퍼센트, '발전가능성이 없어서'가 28.2퍼센트, '업무강도가 높아 개인생활이 없어서'가 26.5퍼센트, '묻지마 지원을 해서'가 13.2퍼센트 등의 순이었다. 회사에 대한 충성심이 높아지는 경우는 '다른 회사보다 임금·복리후생이 좋을 때'라는 응답이 62.4퍼센트로 가장 많았고, '성장할 수 있다고 느껴질 때'(58.5퍼센트)와 '회사가 직원들에 대해 관심을 갖고 배려할 때'(43.5퍼센트)라는 응답도 다소 높은 비중을 보였다.

신세대 신입사원들은 직장생활에서 인간관계나 조직문화 적응에도 어려움을 겪는 것으로 나타났다. 62.0퍼센트가 상사나 선배와 '가끔 갈등한다'고 응답했고 '자주 갈등한다'는 응답도 10.9퍼센트나 됐다. 갈등의 원인으로는 '업무와 관련해 의사소통이 안 될 때'가 49.2퍼센트로 가장 많았고 '내 업무가 아닌 것까지 시킬 때'(25.8퍼센트), '사생활을 간섭할 때'(14.1퍼센트), '회식이나 야근을 강요할 때'(10.9퍼센트)라는 응답이 뒤를 이었다.

조직문화 중 변해야 한다고 생각하는 것으로는 '일방적인 의사소통'(36.7퍼센트)을 가장 많이 꼽았고, '비효율적인 업무관행'(27.9퍼센트), '연공서열형 평가와 보상'(16.8퍼센트), '개인보다 조직을 중시하는 분위기'(16.5퍼센트) 등을 언급했다. 직장생활을 계

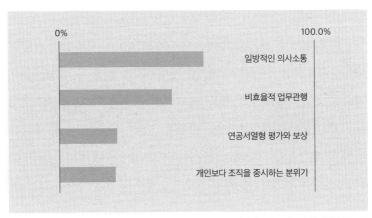

속한다면 어디까지 승진할 것으로 예상하느냐는 질문에 '과장'
(34.1퍼센트)이라는 응답이 가장 많았고, '부장'은 23.2퍼센트, '차
장'은 13.5퍼센트였다. '임원'(20.0퍼센트)이나 '최고경영자'(9.2퍼
센트)는 과거 기성세대가 최소한 임원은 하겠다고 응답한 것에 비
하면 적은 편이었다.

신입사원들은 신세대의 장점으로 '개성 및 창의성'(36.7퍼센
트)과 '새로운 것에 대한 적응력'(30.3퍼센트), '다양한 경험과 관심
사'(21.1퍼센트), '어학능력 및 글로벌감각'(11.9퍼센트), 단점으로는
'강한 개인주의'(42.6퍼센트)와 '끈기와 근성 부족'(41.8퍼센트), '가
시적인 보상에 지나치게 민감'(11.8퍼센트), '부모에게 의존적'(3.8
퍼센트)을 차례로 꼽았다.

대한상공회의소의 조사결과는 우리나라 밀레니얼 세대 직장
인의 인식을 이해하는 데 도움이 된다. 이를 바탕으로 우리나라 밀

레니얼 세대 직장인의 특징을 정리해보면 다음과 같다.

첫째, 가시적 보상을 중요하게 생각한다. 현재 조직을 떠나겠다는 이유, 불만의 원인 중에서 가장 많은 부분을 차지하는 것이 임금이나 복리후생 등의 보상 조건이었다. 기업도 밀레니얼 세대가 돈에 너무 민감하다는 점을 비판적 시각으로 본다. 심지어 밀레니얼 세대는 돈을 조금만 더 준다고 해도 철새처럼 회사를 옮겨 다니는 것처럼 보인다. 밀레니얼 세대는 왜 이렇게 가시적 보상에 민감할까?

그들의 성장 배경을 살펴보면 몇 가지 이해할 근거가 있다. 1980년대 이후 출생자는 3~4인으로 구성된 핵가족에서 성장했다. 형제가 1명 있거나 외동이로 자라면서 부모와 조부모의 사랑과 지원을 듬뿍 받았다. '잘한다'는 칭찬과 '네가 원하는 것은 무엇이든 지원해주마'라는 후원적 태도 속에서 자랐다. 자존감이 강하고 개인주의적 성향이 뚜렷한 밀레니얼 세대는 회사와의 관계를 동등한 계약으로 파악한다. 자신의 지식, 기술, 경험 등을 바탕으로 회사와 계약을 맺었으니 그에 걸맞은 보상을 받는 것을 당연하게 여긴다.

또 결핍을 모르고 자란 밀레니얼 세대는 경제적으로 풍족하기를 바란다. 그들의 부모는 자녀교육에 수입 중 가장 큰 비율을 지출해왔다. 그들은 피아노를 배우고, 수영이나 태권도 등 각종 스포츠를 경험했으며, 공교육에 필요한 사교육도 충분히 받았다. 경제적으로 부족함 없이 자랐기에 같은 수준으로 경제적 윤택함을 누리고 싶어 한다. 경제적인 요소를 최우선으로 생각하게 된 원인이다.

자원이 원천적으로 부족하고 모두가 가난했던 시절에 콩 한쪽도 나눠 먹고, 장남이 출세해서 다른 형제를 도와주어야 하며, 부모님을 봉양해야 한다는 책임감을 가졌던 것이 베이비부머 또는 그 이전 세대라면 밀레니얼 세대는 전혀 다르다. 그런 가부장적인 기성세대의 사고방식이나 가치관을 가져본 적이 없고 이해하기도 힘들다. 모두가 나를 위해 존재하고, 나는 소중한 존재라는 인식을 가지면서 자랐다. 원하면 손에 넣을 수 있었던 풍족한 어린 시절을 보낸 밀레니얼 세대는 참거나, 양보하거나, 기다리기 힘들어한다. 그들은 원하는 것을 바로 얻기 원한다. 늘 그래 왔듯 사고 싶은 것을 사고, 하고 싶은 것을 하면서 살고 싶기에 그들에게 돈은 매우 중요하다. 힘들게 번 돈을 다른 누구와 나누고, 양보하고, 게다가 다른 누구를 부양하거나 책임지는 것이 쉽지 않다.

둘째, 성장을 중요하게 생각한다. 밀레니얼 세대는 조사에서 임금, 복리후생이 좋을 때 회사에 대해 소속감, 충성심을 느낀다고 했으나, 그에 못지않게 '자신이 성장할 수 있다고 느낄 때'와 '회사가 직원들에게 관심을 갖고 배려할 때'라는 응답도 상당히 많이 했다. 그러므로 일을 통해 성장가능한 근무환경은 밀레니얼 세대에게 무척 매력적으로 느껴질 것이다.

셋째, 일과 삶의 균형을 중요하게 생각한다. 딜로이트 보고서에서도 확인할 수 있었던 이 특징은 전 세계 밀레니얼 세대에게 공통적으로 나타난다. 베이비붐 세대에게 일은 가족의 생계를 해결해주면서 자신을 사회적 존재로서 살게 하는 최우선의 과업이었다. 하지만 밀레니얼 세대는 '나는 나'며 '직장보다 내가 더 소중하다'고 생각한다. 직장이 삶을 침해하고 지배한다면 용납할 수 없다. 베이비붐 세대의 치열한 직장생활을 보면서 '절대로 저렇게는 살지 않을 거야'라고 다짐한다. 그들에게 주말에 등산을 가자든지, 아침 일찍 출근해 독서토론을 하자든지 하면 좋아하지 않을 것이 분명하다.

　조사결과에서 승진하고 싶은 직위로 과장을 꼽은 응답자가 가장 많고 임원이나 최고경영자가 되고 싶다는 응답자가 적은 이유는 무엇일까. 기성세대가 보기에는 신세대가 직장생활에 대한 자신감이 없어서인 것 같겠지만 사실 그렇지 않다. 일과 삶의 균형이 무엇보다 중요한 밀레니얼 세대에게 승진, 높은 직책은 그렇게 매력적인 요인이 아니다. 그들에게 임원, 최고경영자 등은 사생활을 희생하고 조직에 온전히 충성함으로써 얻을 수 있는 자리라고 판단되기에 매력적이지 않다. 선택할 수 있다면 그들은 카페 주인 자리를 원할 것이다. 부모님의 경제력이 받쳐준다면 자신의 감각대로 꾸민 카페의 주인으로 살고 싶은 것이다. 최근 아예 자신이 하고 싶은 일, 취미생활 등을 직업으로 삼는 '덕업일치(마니아를 뜻하는 덕후와 직업을 일치시킨다는 의미)' 밀레니얼 세대들이 등장하는 이유가 여기에 있다.

　넷째, 수평적 의사소통을 중요하게 생각한다. 설문조사에서 변해야 할 조직문화로 가장 많은 응답자가 일방적인 의사소통을 꼽았다. 그 외 높은 응답률을 보였던 연공서열형 평가와 보상, 개인보다 조직을 중시하는 분위기 등도 이런 가치관을 반영한다. 딜로이트 보고서에서도 나타났듯 밀레니얼 세대는 어린 시절부터 전 세계 네티즌과 오픈커뮤니케이션을 하면서 자랐다. 온라인에서 나이나 직책 등을 전혀 상관하지 않고 커뮤니케이션하는 데 익숙한 그들이 어느 날 조직에 들어가 수직적 의사소통을 편안하게 잘 해낼 것이라고 기대하기는 어렵다. 그들은 회사의 의사소통 방식을 군대식이라고 느낀다. 게다가 불합리하고 부당한 지시, 비효율적인 업무관행을 따를 것을 요구받는 경우에는 큰 불만을 느낀다. 좀 부당하고 불합리해도 상사가 시키면 '예' 하고 복종하던 예전 세대와 그들은 완전히 다르다. 따라서 수평적 의사소통, 포용적 조직문화가 필요하다. 연공서열이나 지위체계 등 전통적인 조직의 일하는 방식, 조직문화 등을 밀레니얼 세대의 가치관과 어떻게 조화시킬지 고민해야 한다.

다섯째, 선택의 자유를 중요하게 생각한다. 일하는 시간, 장소, 방식 등 여러 측면에서 그들에게 선택의 자유를 주어야 한다. 일하는 시간이 길 수도 있고, 일하는 장소가 회사 사무실에 국한될 수도 있지만 그들에게 어느 정도의 재량권이 주어진다면 훨씬 긍정적인 효과를 얻을 수 있다. 만약 회사의 업무가 집중적으로 이루어지는 시간대가 있는 경우, 그들에게 집중시간을 정하게 한다면 업무효율이 더 높아질 수 있다. 복지혜택도 마찬가지다. 모든 사원에게 일괄적으로 정해진 복지혜택을 제공하기보다는 다양한 안들을 고안해서 선택할 수 있도록 하자. 만약 그들이 더 좋아할 혜택을 찾기 어렵다면 그들에게 물어보라. 아마도 기성세대는 생각하지도 못했던, 기막힌 아이디어를 쏟아낼지 모른다.

3 ——————— 밀레니얼과
어떻게 일할 것인가

어떤 일을 부탁하거나 시킬 때에는 가능하면 본인이 원하는 방향이나 그 일을 할 때 도움이 될 만한 참고자료도 같이 주시면 좋겠습니다. 후배들은 가르침이 필요합니다. 훈련소에서도 그냥 총을 쏘라고 하지 않고, 총 쏘는 방법을 가르쳐주지 않습니까. 본인 때는 직접 가르쳐주는 선배가 없어 직접 부딪치면서 배웠을지언정 이제는 후배들을 위해 좋은 선배가 되시길 바랍니다. 개떡같이 말해도 찰떡같이 알아듣는는 건 기적입니다. 찰떡같이 말씀해주서야 찰떡같이 알아듣습니다.[10]

언제나 새로운 세대는 버르장머리가 없었다. 철이 덜 들었고, 자기중심적이었다. 하지만 '지금처럼 말 안 통하고 다루기 어려운 신세대는 없었다…'고 많은 어른들이 생각한다. 우리도 한때 신세대였지만, 그래서 선배들이 혀를 끌끌 찬 적도 있었지만 선배나 상사의 말에 복종은 했다. 비록 마음속으로 승복하기 어려운 내용이라도 겉으로는 "예, 알겠습니다"라는 대답과 함께 실행에 옮겼다. 지금 신세대 사원들도 상사가 한마디 하면 "예, 알겠습니다"라고 답하면 얼마나 좋을까.

하지만 여러분이 마주한 세대는 완전히 다른 종족이다. 디지털네이티브이자 새로운 천 년으로 전환하는 시점에 태어난 밀레니얼 세대와 어떻게 일해야 하며, 그들이 마음껏 역량을 발휘하게 하려면 어떻게 해야 할까?

무엇보다 먼저 여러분이 깨달아야 할 것은 그들을 인정하고 존중해야 한다는 점이다. 왜냐하면 그들의 세상이 오고 있기 때문이다. 비록 당장은 회사에서 여러분이 의사결정권을 쥐고 있지만 곧 세상은 여러분의 것이 아니게 된다. 디지털 세상에서 그들은 디지털네이티브며, 여러분은 디지털이민자라는 점을 잊지 마시길. 세상은 디지털네이티브에게 더욱 편안해지고 유리해져간다. 여러분에게 세상은 점점 낯설고 어려워지지만 신세대는 디지털기술에 적응하는 데 별 어려움이 없다. 막 입사한 새내기가 디지털기술이나 응용 등에 있어서 그 분야에서 오래 일해온 선배보다 더 나을 수 있다는 의미다. 빛의 속도로 발전하는 디지털기술이나 지식을 보유하고 입사한 새내기의 능력을 인정하거나 활용하지 않을 뿐만 아니라 '애 취급' 하는 회사라면 인적자원을 낭비하는 중이며 앞으로 디지털혁명 시대에 도태될 수밖에 없다. 그러니 먼저 그들을 이해하고 소통하려는 노력을 시작해야 한다.

사람에 대한 초집중,
디지털시대에 더 필요하다

어떤 세대를 한마디로 규정하기란 어렵다. 지금 한국의 밀레니얼 세대의 특징은 더욱 복합적이다. 경제분야에서 한국은 다른 서구 국가들에 비해 더욱 압축적인 성장을 했다. 그 과정에서 베이비부머 세대나 그 이전 세대는 고생도 했지만 부를 축적할 기회도 함께 누렸다. 하지만 경제규모가 커지면서 고도성장을 거듭하던 시대도 막을 내렸다. 고도성장을 가능케 했던 장기근로의 신화도 점차 힘을 잃어가고 있다. 멕시코에 이어 세계 2위의 최장 근로시간을 유지하는 한국경제는 이제 밀레니얼 세대의 반발에 직면하고 있다. '하마터면 열심히 살 뻔했다'는 외침은 아무리 아등바등 열심히 살아도 그에 걸맞은 보상을 받지 못하는 젊은 세대의 깨달음이다. 아무리 장시간근로를 해도 내 집을 마련하거나, 자녀를 둘 셋 낳아 제대로 키우는 것이 어렵다는 것을 알고 좌절감을 느끼는 밀레니얼 세대의 뼈아픈 고백이다. 그래서 그들은 소유하지 않겠다고 선언하고 소소하지만 확실한 행복을 추구한다. 하지만 또 다른 측면에서는 충분한 고등교육을 받고, 역량을 키웠으며, 디지털네이티브로서의 자신감과 선한 의지 등을 함께 갖추고 있다.

지금 CEO들에게 가장 큰 관심사가 무엇이냐고 물으면 가장 많은 비중을 차지하는 것은 '디지털전환(4차 산업혁명)'에 따른 기술의 변화다. 물론 중요하다. 디지털전환이 거대한 변화인 것은 사실이지만 모든 산업과 기업이 같은 속도와 방향으로 움직여야 하는 것은 아니다. 그렇게 하는 것도 불가능하다. 디지털전환이 분명 위협이기는 하나 잘 활용하면 기회가 될 수도 있다. 현재의 산업이 디지털전환에 의해 커다란 변화가 예상된다고 해서 단숨에 현재의 산업에서 빠져나올 수 있는 것 또한 아니다. 기존의 산업 내에서 할 수 있는 일을 찾아서 개선하거나, 살짝 옆으로 움직이거나, 아예 새로운 비즈니스모델을 창출하는 등 각 산업과 기업에 맞는 길이 있을 것이다. 그 길을 찾을 때 가장 중요한 것은 본질을 꿰뚫어보는 것이다. 변화의 양상, 속도, 그 내용에 관심을 기울이면서 동시에 내가 발 딛고 있는 산업과 조직의 현재 상황, 업의 본질, 고객에 대한 집중 등이 더 중요하다.

기술은 수단이며 고객은 목적이다. 기술의 변화를 쫓아가느라 고객이라는 목표와 본질을 놓친다면 골대의 위치와 상관없이 공을 쫓아다니는 축구선수와 다를 바 없다. 빠르게 변화하는 기술을 이해하는 것도 필요하지만 그 자체가 사업의 목적이 될 수는 없다. 대부분의 사업과 조직에서 기술은 수단이다. 목적은 결국 사람이다. 지금 새롭게 떠오르는 신예 창업가들의 초점이 기술에 있을 것 같지만 그렇지 않다. 송금서비스 앱 토스Toss를 운영하는 핀테크기업 비바리퍼블리카Viva Republica의 이승건 대표나 알토스벤처스Altos Ventures의 박희은 대표의 핵심 메시지를 보면 결국 최종 목표는 사람이다. 심지어 IT기업으로는 전통기업이라 할 수 있는 마이크로소프트의 경영자 사티아 나델라Satya Nadella도 결국 사람에 대한 이해를 강조하고 있다.

저희는 출발이 송금이었을 뿐이지, 사람들이 금융과 관련해 갖고 있던 전반적인 좌절감과 불만을 해결하는 게 가장 큰 미션이었어요. 금융을 간편하게 만들고 싶었죠. 그중 가장 먼저 해결하려던 게 송금이고요. 토스에는 이미 많은 금융서비스가 들어와 있어요. 우리가 전달하고 싶었던 메시지는 이거예요. '토스는 너를 금융생활에서 앞으로 해방시켜줄 거야. 완전히 자유롭게 만들어줄게.' 이 메시지에 사람들이 반응했던 거라고 생각해요.[11]
– 이승건, 비바리퍼블리카 대표

요즘 데이터, 데이터 하지만 지금도 데이터는 많아요. 데이터보다 더 구조화된 정보information도 많고요. 하지만 데이터와 정보가 어떤 의미인지, 어떤 영향을 미칠지, 어떻게 사람들의 삶을 바꿀지 분석하는 게 더 중요해요. 이건 지식knowledge이죠. 이걸 문과생이 못 할 이유가 없잖아요.[12]
– 박희은, 알토스벤처스 대표

나는 늘 사람들의 사고방식과 생각, 그리고 감정을 이해하기 위해 노력한다. 아이들에게 공감하는 아버지가 되고 싶다는 열망, 그리고 상대방의 깊은 마음을 이해하고 싶다는 열망을 품은 덕분에 나는 더 나은 리더가 될 수 있었다. 하지만 매일 사무실에 앉아 컴퓨터화면만 들여다본다면 공감하는 리더가 절대 되지 못한다. 공감하는 리더가 되기 위해서는 세상으로 나가 현실공간에서 사람들을 만나고 우리의 기술이 사람들의 일상적 행위에 어떤 영향을 미치는지 살펴야 한다.[13]

– 사티아 나델라, 마이크로소프트 CEO

기술의 변화가 아무리 빠르다 해도 모든 산업과 기업이 획일적인 수준으로 변화하거나 적응할 수는 없다. 우리 산업과 기업의 특성을 먼저 살펴야 한다. IT기술로 새로운 비즈니스모델을 창출할지, IT기술을 입혀서 효율성을 높이는 정도로 부분적 전환을 할지, 아니면 완전히 아날로그로 승부할지 분석해볼 필요가 있다. 어떤 산업에서도 디지털이 아날로그에 완승할 수는 없다. 때로 아날로그적 특성을 살려서 더욱 차별화할 수도 있다. 이런 결정을 할 때 중요한 것은 바로 사람에 대한 이해다. 어떤 방향을 선택하든 고객에 대한 이해, 고객의 불편함을 해소해주려는 애정, 고객의 경험을 최상으로 유지하려는 집착에 가까운 노력이 있다면 생존할 수 있다. 생존 정도가 아니라 성공하고 사랑받을 수 있다. 디지털시대에 더욱 필요한 것이 있다면 바로 사람에 대한 초집중이다.

그중 새롭게 등장한 밀레니얼 세대에 대한 이해는 최우선이다.

밀레니얼 세대를 특징짓는 요인들은 9가지로 정리된다. 성장 배경과 환경 등 여러 가지에 의해 형성된 특징은 경우에 따라 고객으로서의 특징으로 뚜렷하게 나타나기도 하고 조직구성원으로서의 특징으로 더 드러나기도 한다. 이런 특징과 그로 인해 나타나는 현상을 살펴보면서 조직의 리더들에게 주는 시사점, 대응방안 등을 찾아보도록 하겠다.

PART
2

Millennials

밀레니얼 세대를

이해하는

9가지 특징

1 ──────── 내게 선택의 자유를 달라

회사생활을 하겠다는 건지…

중견 IT기업을 경영하는 오너 CEO 박정국 씨. 1980년대 중반 대기업에 취업해 다니다가 1990년대 중반 사내벤처를 시작한 것이 적중했고 오너로 꽤 성공을 거두었다. 사내벤처로 시작한 덕분에 초창기 자금난을 극복할 수 있었고, 우수한 인재까지 확보할 수 있었다. 대기업에서 독립할 때는 많은 사람들이 함께해주었다. 대기업에 남을 수 있었지만 미래가 불확실한 자신을 따라나선 직원들에게 정말 고마웠다. 이제 독립한 지 20년을 넘기고 있다. 어려움이 없었던 것은 아니지만 IT업계가 크게 성장하고, 그런 큰 흐름을 탈 수 있었던 덕분에 매출액도 500억 원에 이르고 있다.

요즘 박 대표의 가장 큰 고민은 매출도 고객도 아닌 바로 사람문제다. 좋은 사람을 뽑지 못하는 것뿐만 아니라 뽑은 사람을 유지하는 것도 힘들어 골치가 아프다. 지난 10여 년 동안 회사가 빠르게 성장한 덕분에 매년 신입사원을 수십 명 규모로 뽑았다. 하지만 흡족하게 여길 만한 지원자들이 몰린 적은 한 번도 없었다. 우리 회사가 신세대에게 매력적이지 않은가 하고 생각한다. 회사의 성장성도 좋고, 복지도 여느 중견기업 못지않은데 왜 알아주지 않을까 아쉽기만 하다.

그런데 진짜 문제는 그다음이다. 아쉬운 마음으로 채용한 신입사원들이 "감사합니다" 하며 오래 다녀도 시원치 않을 판인데 툭하면 그만두니 기가 막힐 노릇이다. 입사 후 채 3년이 되기 전에 절반 이상의 신입사원이 퇴사할 정도로 이직률이 높다. 경력직 채용 또한 쉽지 않았다. 최근 IT업계가 또다시 큰 상승세를 타면서 일 좀 한다고 평가받던 중간관리자들조차 다른 업체로 훨훨 날아갔다.

그런데 지금까지는 그래도 호시절이었구나 싶은 일이 있었다. 구성원들 간 화합과 팀워크를 다지는 아름다운 전통이 무너질 위기에 처하면서 박 대표는 상황을 심각하게 받아들이기 시작했다. 박 대표의 회사는 직원들이 다 함께 참여하는 워크숍, 등산모임, 가족초청 행사, 독서토론회 등을 열심히 운영해오고 있다. 박 대표 자신도 이 모든 행사에 참여하면서 직원들과 몸으로 부대끼는 것을 즐겁게 여겼다.

워크숍은 매년 2회 개최되는데, 회사의 연간목표를 정하고 그 방법을 논의하는 행사 1회, 연간실적을 평가하는 행사 1회씩 진행하고 있다. 업무에 지장을 주지 않기 위해 주말을 이용한다. 등산모임은 매월 첫째 토요일, 박 대표가 직접 주관하는 행사다. 등산은 건강에도 도움이 되고 무엇보다 함께하면 서로 친밀해진다는 큰 장점이 있다. 처음에는 모임에 참여하기를 꺼리다가도 막상 정상에 오르면 다들 "정말 산에 오길 잘

했다"고 말하곤 했다. 산행 뒤에 막걸리를 한잔하면서 가볍게 대화를 나누는 시간만큼은 박 대표도 CEO라는 지위를 벗고 편안하게 즐긴다. 가족초청 행사는 1년에 1회, 5월에 개최한다. 보물찾기, 줄다리기 등 다양한 이벤트가 진행되고 선물도 푸짐하다. 그 외에 매월 셋째 월요일에는 독서토론회가 있다. 아침 7시까지 출근해서 '이달의 책'을 읽은 후 작성한 독후감을 제출하고 토론이 이어진다. 책은 주로 박 대표가 선정한다. 동양 고전인 《논어》《맹자》부터 미국 실리콘밸리의 구루들의 저서, 4차 산업혁명 트렌드를 다룬 책까지 다양한 작품들을 엄선한다. 이런 책을 읽지 않으면 시대에 뒤처진다고 생각한다. 직원들이 독후감을 내지 않으면 박 대표가 직접 전화해서 이유를 물어본 뒤 앞으로는 꼭 내라고 독려한다.

박 대표는 자신처럼 자상하고 직원들의 지적 호기심을 배려하는 멋진 CEO는 세상에 없을 것이라고 확신했다. 작년에 입사한 어느 신입사원이 독서토론 시간에 폭탄발언을 할 때까지는. "사장님, 독서토론 꼭 해야 합니까? 아침에 일찍 일어나서 나오는 것도 너무 힘들고, 책 읽는 것도 힘들어요. 등산도 그만했으면 좋겠습니다. 그리고 왜 주말에 등산을 해야 합니까? 주말에는 집에서 쉬고 싶습니다." 박 대표는 항상 강조해왔다. 하고 싶은 말이 있으면 언제든지 거리낌 없이 말하라고. 그런데 이 신입사원의 발언을 듣고는 잠시 어지러웠다.

'아니, 이렇게 좋은 것들을 왜 안 하겠다는 거지? 회사에서 책도 사주고, 등산용품도 제공하는데…. 이게 도대체 무슨 일인가. 설마 저 친구 혼자 그런 생각을 하는 거겠지…. 그리고 기탄없이 얘기하라고 했다고 어떻게 사장 앞에서 저렇게 당돌하게 말한단 말인가.'

온갖 생각을 하다가 너무 억울한 나머지 전무에게 회사에서 실시하는 각종 행사에 대해 직원들의 선호도를 조사해보라고 지시했다. 조사결과는 박 대표를 훨씬 참담하게 만들었다. 자유롭게 의사를 표현할 수 있도록 철저하게 익명을 보장한 결과라고 하지만, 거의 80퍼센트에 육박하는 직원들이 워크숍, 등산모임, 독서토론회에 대해 '매우 좋아하지 않는다' 또는 '좋아하지 않는다'라고 응답했다. 심지어 가족초청 행사도 60퍼센트가 부정적인 응답을 내놓았다. '가족이 없다', '결혼조차 하지 않는데 무슨 가족인가'라는 반응이었다. 주관식 답변에는 '회식을 줄여달라'는 내용도 꽤 있었다. 도대체 직원들이 회사를 다니겠다는 건지 말겠다는 건지 답답하기만 하다.

　　밀레니얼 세대의 가장 큰 특징은 '선택의 자유'를 중요하게 여긴다는 점이다. 밀레니얼 세대에게 '시키면 시키는 대로 하라'거나 '원래 이렇게 하는 거니 따르라'는 지시는 고문과 마찬가지다. 그들은 어린 시절부터 선택의 자유를 누리면서 살았다. 예를 들면 베이비붐 세대는 TV프로그램〈가요 톱10〉등에서 들려주는 1위부터 10위까지의 노래를 들었지만 밀레니얼 세대는 수백만 곡의 노래 중 수천 곡을 골라 휴대전화에 저장하거나 멜론 등의 프로그램을 통해 자유롭게 듣는 것을 즐긴다. 기성세대는 좋아하는 드라마나 쇼를 보려면 방송국에서 정한 시간에 맞춰 TV 앞에 앉아야 했다. 그 시간을 놓쳐서 재방송을 볼 때조차 방송국에서 정한 시간에 자신이 맞춰야 했다. 이에 비해 밀레니얼 세대에게 TV에서 일방적으로 정한 시간에 맞춰서 보는 경우는 아주 특별한 이벤트다. 그 특별한 이벤트를 '본방사수'라고 한다. 밀레니얼 세대는 자신이 원하는 시간에, 원하는 프로그램을 선택해서 본다. 한꺼번에 몰아서 처음부터 끝까지 보기도 한다. 이것을 '정주행'이라고 부른다. 이런 밀레니얼 세대를 겨냥해 프로그램을 아예 시즌별로 출시하는 콘텐츠 회사가 넷플릭스Netflix다.

소비자로서 밀레니얼 세대가 선택의 자유를 중시하는 것은 말할 필요가 없다. 아마존, G마켓 등 수백만 개 이상의 제품을 판매하는 사이트에서도 자신이 좋아하는 것을 선택하는 데 많은 시간이 걸리지 않고, 그리 어려움을 느끼지 않는다. 그들은 이미 온라인숍에서 제품을 선택하는 다양한 노하우를 익히고 있다. 제품에 대한 후기, 사용자카페, 친구들의 추천 및 '좋아요' 클릭 등을 통해 자유롭고 정확하게 자신의 선호에 맞는 제품을 선택한다. 또한 환불, 취소, 교환 등이 쉽고 자유로운 것을 중요하게 생각한다. 만약 밀레니얼 세대가 환불이나 교환 등에서 어려움을 겪게 된다면 당장 소셜미디어를 통해 그 사실을 친구들에게 공유하고, 친구들은 공감을 표하면서 '화나요'를 클릭할 것이다.

그래서 밀레니얼 세대 고객에 대한 사용자경험UX, User Experience을 강화하는 것은 매우 중요하다. IT기업, 스타트업을 중심으로 사용자경험을 멋지게 만드는 노력을 기울이고 있지만 정말 제대로 하기는 쉽지 않다. 놀라운 속도로 성장하는 기업에는 사용자경험을 제대로 해낸다는 공통점이 있다. 아마존, 넷플릭스 등 글로벌기업으로 성장한 IT기업은 자신들의 헌신적인 노력을 통해 고객에게 최대한 자유를 제공한다.

아마존이 처음 온라인에서 도서판매를 시작할 때 실제로 고객에게 판매했던 것은 책이 아니라 자유였다. 1년 365일, 24시간 언제나, 원하는 책을 주문할 수 있는 자유. 세상에서 가장 많은 책을 보유하고 고객이 쉽고 간단하게 원하는 책을 찾을 수 있는 시스템을 제공하면서도, 게다가 책값은 어느 곳보다 저렴했다. 결제 및 배송, 반품 등의 모든 과정이 가장 편리한 곳으로 만들자는 이 원칙은 지금까지 아마존의 가장 강력한 동력이다. 넷플릭스는 하나의 아이디로 동시에 4명까지 접속하는 것을 허용한다. 가까운 사람끼리 아이디를 공유하는 데 익숙한 이용자들을 편안하게 해준다. 아이디 공유를 막으려고 애쓰는 대신 넷플릭스는 이들의 시청패턴을 철저하게 분석하기로 결정했다. 시청패턴을 파악하면 그 사람에게 적합한 콘텐츠를 추천할 수 있다. 개개인의 취향에 맞게 큐레이션해주는 이 서비스는 이용자들의 만족도를 크게 올려주었고 지속적인 성장을 가져다주었다.

좋아하면, 광고라도 수십만이 공유한다

기업의 리더들이 보기에 밀레니얼 세대 소비자들은 전혀 다른 방식으로 반응한다. 광고에 대한 반응을 예를 들어보자. 예전 세대에게 광고는 원하는 TV프로그램을 보기 위해서 어쩔 수 없이 봐야 하는, 때로는 재미있게 보기도 하는 것이었다. 당연히 광고효과가 컸다. 하지만 지금 세대에게 광고는 기피대상이다. 유튜브 동영상 앞에 배치된 대부분의 광고를 건너뛰기 기능으로 시청을 생략하는 것은 물론, 광고 동영상은 아예 열어보지 않는다. 그렇다고 광고를 절대 보지 않는 것은 아니다. 어떤 특정한 광고에 대해서는 열광하고, 공유하고, 패러디한다. 또 어떤 광고에 대해서는 비웃고, 놀림감으로 격하시키며, 비호감으로 낙인찍기도 한다.

광고지만 크게 관심을 끌고 기업의 호감도를 높였던 해외사례를 들자면 아기들을 등장시켜 열광적인 반응을 얻었던 프랑스 화장품브랜드 에비앙, 여성의 아름다움에 대한 새로운 시각을 보여주었던 도브 광고가 있다. 에비앙 물을 마시면 젊어진다는 메시지를 전달하기 위해 아기들을 등장시킨 광고는 춤추고 스케이트보드를 타는 아기들의 동작이 너무 자연스럽게 표현되어 많은 사람들의 감탄을 자아냈고 큰 호응을 얻었다. '당신은 당신이 생각하는 것보다 더 아름답습니다'라는 메시지로 만들어졌던 도브 광고 역시 사람들의 마음을 울렸다. 소셜미디어에는 이 광고를 공유하는 사람들이 많았고 '좋아요' 클릭수도 폭발적이었다.

국내의 신세계쇼핑몰 광고도 소셜미디어를 통해 공유되어 인기를 끌었다. 신세계의 영어표기 Shinsegae의 이니셜에서 딴 SSG를 '쓱'이라고 발음하는 엉뚱함, 생경한 색감과 나레이션, 모델

밀레니얼 세대의 뜨거운 반응을 이끌어낸 신세계쇼핑몰 광고

의 독특한 포즈 등이 어우러진 광고는 신세대의 열광적인 반응을 얻었다. 그들은 이 광고에 대해 미국의 화가 에드워드 호퍼Edward Hopper[14]의 작품을 차용한 것이라는 등의 분석을 소셜미디어에 올리면서 공유하기 시작했다. 예상보다 훨씬 큰 광고 효과를 누리면서 신세계쇼핑몰의 매출이 20~30퍼센트 증가했다. 2018년 8월에 같은 모델을 기용해 내놓은 광고 네 편은 공개 하루 만에 400만 명 이상이 시청하는 기록을 세우며 호응을 얻었다. 대사는 B급정서[15]를 터치하는 느낌이지만 색감, 모델의 패션 등은 세련되게 배치해 묘한 매력을 주었다. 게다가 모든 자음을 시옷(ㅅ)과 기역(ㄱ)으로 발음해 소비자들의 호기심을 불러일으키는 데 성공했다. 예를 들어 '신선한데?'라는 말을 '식석갓세?'라고 발음한 것이다. 자막이 없으면 알아들을 수 없다. 그래서 여러 번 반복해서 보았다는 댓글도 종종 눈에 띈다. 40~50대 이상의 세대가 도저히 이해하기 어려

운 이 광고에 10~20대는 열광했다.

　광고를 공유하는 수준을 넘어 기업을 위해 소비자가 아예 나서는 경우도 있다. 'LG마케팅 대신해드립니다'가 대표적인 사례다. LG전자의 몇몇 제품이 경쟁사 제품에 비해 우수한 기능을 탑재하고도 충분히 홍보되지 못했다고 여긴 소비자들은 아예 팔을 걷어붙이고 대신 마케팅을 해주었다. 이것이 'LG마케팅 흑역사', 'LG마케팅 대신해드립니다'라는 제목으로 유명세를 탔다. 이 일로 LG전자 제품에 대한 소비자들의 애정은 더욱 커졌고, 팬덤을 형성하기에 이르렀다. 그런가 하면 반대의 사례도 있다. 과자의 가격을 인상하는 것이 어려운 제과업체들이 과자의 양을 줄이고 질소를 더 많이 채우는 방식으로 대응하자 소비자들은 '질소과자'라는 용어를 만들었다. 2014년에는 몇 명의 대학생들이 질소과자 160봉지로 뗏목을 만들어 한강을 건넜다. 이 뗏목의 이름은 고잉창렬호. 대학생들이 좋아하는《원피스》[16]라는 만화에 등장하는 해적선 '고잉메리호'의 이름을 따면서, 포장에 비해 내용물이 적은 즉석식품 '김창렬의포장마차'라는 브랜드를 비꼬아 이름을 지었다.

　밀레니얼 세대는 이처럼 좋아하는 브랜드에 대해서는 기업의 역사, 제품의 기능까지 공부해서 적극 홍보해주고 좋은 아이디어를 서슴없이 제공하지만 이윤만 추구하고 고객을 속인다고 생각하는 브랜드에 대해서는 각종 패러디와 이벤트로 가차 없이 혹평한다. 젊은 세대의 고객을 명예직원으로 활용하면서 브랜드의 가치도 올리고 고객도 확보하는 전략으로 성공한 레고Lego 같은 기업이 있는가 하면, 임시방편으로 잘못을 넘기려다 오히려 더 큰 비난을 자초하는 경우도 있다. 과거에는 일회성 사건으로 넘어갈 수 있었던 일이 지금은 소셜미디어를 통해 일파만파로 번져 기업에 치명적인 악영향을 미치기 일쑤다.

직장인 밀레니얼 세대에게
자유란 워라밸을 위한 것

밀레니얼 세대 직장인에게 직장은 헌신해야 할 대상이 아니다. 대등한 계약관계다. 자신의 삶과 직장은 동등하게 존중되어야 한다고 생각한다. 게다가 과거와 같은 일터의 개념이 약하다. 밀레니얼 세대는 노트북만 있으면 어디에 있든 일하는 데 문제가 없다고 여기므로 반드시 사각형 건물의 사무실에 다 같이 모여 일할 필요가 있는지 의문을 품는다. 그들은 일할 장소와 시간을 스스로 선택하고 싶어 한다. 사무실에서 시간을 얼마나 보냈는지에 따라 보상을 받기보다는 자신이 올린 성과와 공헌도, 시장가치에 따라 보상받는 것을 선호한다. 유연근무제, 집중근무제, 파트타임제, 업무공유제 등의 활용으로 그들의 근무스타일을 최대한 탄력적으로 만들어주면서 협업, 생산성 등의 가치를 달성하는 방법에 대해 더욱 열심히 고민할 필요가 있다.

2018년 7월 잡코리아가 구직자와 직장인 4683명을 대상으로 '직장에 다니면서 혜택을 받고 싶은 최고의 복지 제도'를 조사했다. 그 결과 전체 응답자 10명 중 약 4명에 달하는 37.8퍼센트가 유연근무제를 꼽았다. 이러한 답변은 여성이(39.9퍼센트)가 남성(34.6퍼센트)보다 소폭 높았고, 모든 연령대에서 가장 높았지만 특히 20대 응답자의 비율이 가장 높았다. 그만큼 자유와 유연성은 밀레니얼 세대를 끌어들이는 강력한 인센티브다.

《파이낸셜타임스》는 밀레니얼 세대에서 유능한 인재를 확보하는 가장 강력한 방법으로 유연성을 선정했다.[17] 기사에서 다룬 사례는 미국의 컨설팅사 데이터아트DataArt가 데니스 바라노브Denis Baranov라는 컴퓨터공학 전공자를 채용한 방식이다. 그는 재학시절 파트타임으로 일했다가 졸업 후에 정식으로 채용됐는데 2년 동안 원격근무를 했다. 이후 런던지사에서 풀타임으로 근무하는 중이며 회사에서는 그가 박사학위 과정을 이수할 수 있도록 지원하고 있다. 그는 "뉴욕이나 아르헨티나에 있는 동료들과 협업하는 것에 대해 큰 가치를 둔다. 매일 새로운 것을 배우는 게 좋다. 예를 들면 지금 나는 모바일기술을 웨어러블wearable 디바이스에 적용하는 일을 하고 있다"고 말했다.

글로벌 컨설팅사인 어니스트영EY도 밀레니얼 세대의 인재를 확보하고 유지하기 위해 많은 노력을 기울인다. 예를 들면 생후 6개월 된 아기가 있는 파트너는 아침에 일찍 출근해서 일을 하고, 점심때는 아기와 시간을 보내기 위해 자리를 비운다. 점심시간을 충분히 가진 파트너는 다시 사무실에 돌아와서 조금 더 늦게까지 일한다. 어니스트영의 모든 파트너들은 유연근무제를 자신의 여건에 맞게 적용하고 있다. 단 유연근무제가 보다 잘 정착되고, 성과와 연계되도록 하기 위해 모든 파트너의 근무시간은 모두에게 공개된다. 영국의 통신사 보더폰Vodafone 역시 유연근무제가 정착됐다. 보더폰의 직원들은 자신이 원하는 시간, 장소에 근무하며 그 덕분에 2009년 이후 사무공간을 30퍼센트 이상 절약했다. 더불어 생산성은 20퍼센트 올랐으며 전기 등 에너지와 출장비를 아낄 수 있었다.

유연근무제의 필요성은 경제적 가치로도 입증되고 있다. 공유사무실 기업인 리저스Regus가 미국, 영국, 일본, 중국 등 16개국을 대상으로 유연근무제의 사회 및 경제적 영향을 분석했다. 그 결과, 2030년까지 대다수의 선진국에서는 전체고용의 8~13퍼센트가 유연근무제와 연관이 있을 것으로 드러났으며, 세계적으로 기여할 경제적 효과가 약 10조 4000억 달러(약 1경 1783조 원)에 달할 것으로 예측됐다. 기업들이 유연근무제를 확대함으로써 운영비를 절감하는 동시에 생산성을 높이면, 궁극적으로 핵심 비즈니스부터 공급망에 이르는 경제전반에 엄청난 파급효과가 일어날 것이라고 한다. 유연근무제가 제공하는 이점으로는 기업 및 개인 모두의 생산성 향상, 유연한 작업공간을 사용하는 회사의 사무실에 대한 간접비 절감, 그리고 수백만 출퇴근시간의 단축 등이 있다.

밀레니얼 세대에게 선택의 자유를 줄 방법을 찾으려면 어떻게 해야 할까. 먼저 고객으로서의 밀레니얼 세대에 대해 고려해보자. **고객에게 자유를 주는 방법은 업종과 기업의 특성에 따라 달라질 수 있다.** 유통기업 아마존은 고객의 자유를 이렇게 정의했다. 가장 다양하게 상품을 갖추고 있되, 365일 24시간 고객이 편리한 시간에 아무 때나 주문할 수 있으며, 가격은 가장 저렴하다. 배송은 아주 신속하고 정확하면서 그 과정을 쉽게 파악할 수 있으며, 반품과 취소가 아주 편리하다. 핀테크 스타트업 토스가 정의하는 고객의 자유는 고객이 공인인증서와 여러 복잡한 절차가 없어도 안전하게 금융거래를 할 수 있는 편리함일 것이다. 여러분의 기업이 고객에게 제공할 수 있는 궁극의 자유는 무엇인지 깊이 고민해야 한다. 이는 고객에 대한 깊은 이해와 성찰, 애정이 있을 때 가능할 것이다.

여러분이 어떤 업종에서 사업을 하든 **먼저 고객에 대해 재정의할 필요가 있다**. 우리의 고객은 누구인가. 연령, 성별, 지역별, 소득별 고객의 비율이 변화하고 있는가. 밀레니얼 세대의 비중은 얼마인가. 밀레니얼 세대가 등장하면서 고객이 줄고 있는가. 밀레니얼 세대 고객을 놓치고 있다면 그 이유는 무엇인가. 이런 작업을 할 때 **가장 중요하게 살펴봐야 할 자료는 고객의 피드백이다**. 고객센터에 접수되는 피드백, 불만사항, 건의 등이 제대로 기록되는지, 중요도에 따라 담당자와 경영진에게 제대로 전달되는 시스템을 갖추고 있는지 확인하라. 뿐만 아니라 고객 데이터를 충분히 분석하고 패턴을 읽어 큰 흐름을 파악해야 한다. 아마존의 창업자이자 CEO인 제프 베조스Jeffrey Bezos는 고객의 피드백이나 불만사항을 직접 보고받는 것으로 유명하다. 특히 중요하다고 판단되는 피드백은 자신이 직접 물음표를 달아 담당자에게 전달한다. CEO가 직접 고객의 피드백을 챙긴다고 생각하면 모든 직원이 최선을 다해 고객에게 적절하게 대응하기 위해 노력할 것이다.

다음은 **고객에게 제공하는 제품과 서비스에 대한 전면적인 검토가 필요하다**. 과연 고객의 변화에 맞게 제품과 서비스가 변화하고 있는가. 그들에게 자유를 주고 있는가. 그들에게 회사의 편의대로 일방적인 요구를 하고 있는 것은 아닌가. 그들에게 **최대한 자유를 주는 방향으로 개선할 점은 무엇이 있는가**. 만약 회사에 사용자경험을 담당하는 팀이 없다면 반드시 만들 것을 권한다.

조직구성원에게 자유를 주는 것은 더욱 중요하다. 현재 우리 조직에 입사한 밀레니얼 세대는 몇 명이나 되는가. 그들의 이직률은 다른 세대와 혹은 다른 회사와 얼마나 차이가 있는가. 밀레니얼 세대와 다른 세대 간 갈등은 없는가. 그들의 목소리를 경청할 수 있는 제도나 시스템이 있는가. **우리 조직은 밀레니얼 세대에게 선택의 자유를 줄 수 있는 여지가 있는가.** 그들이 진심으로 원하는 선택지는 무엇인가. 그들에게 선택의 자유를 주면서 성과와 만족도, 생산성에 긍정적인 영향을 줄 방법은 없는지 분석해야 한다.

물론 업종에 따라 유연근무제를 도입하는 것이 쉬울 수도, 어려울 수도 있다. **어떤 형태로든 직원 스스로가 자율적으로 근무시간 및 장소 등을 선택할 수 있도록 최대한 제도를 마련하기 위해 노력하자.** 밀레니얼 세대 직장인들이 가장 높은 가치를 두는 혜택이라면 실행할 가치가 있다. 다만 자유를 주되 성과에 연계되는 시스템을 만드는 것이 필요하다. 조직의 생산성에 분명 도움이 되어야 지속성이 담보된다. 유연근무제를 도입한다면 성과측정 및 평가모형 등이 정교하게 개발되어야 한다. 각자 정한 근무시간 다이어리를 완전 공개함으로써 자연스럽게 상호확인이 가능하도록 하는 방법도 있다. 또한 원격근무를 하더라도 업무할당, 성과측정 및 평가모형 등이 정교하다면 생산성에 충분히 도움이 될 뿐만 아니라 직원들 스스로가 복지혜택을 누린다고 만족해하는 윈윈win-win 상황이 될 수 있다.

일하는 방식에 유연성을 도입하자. 밀레니얼 세대는 결과보다 경험에 많은 비중을 둔다. 그들은 더 나은 직무경험, 강한 조직문화, 원격근무 등을 중시한다. 젊은 직원들은 자신의 성장과 역량강화를 위해 많은 것을 개발할 자유를 누리기 원한다. 그들이 새로운 일을 시도해볼 수 있도록 시간적 여유를 주는 것도 좋다. 밀레니얼 세대는 소명을 찾거나, 자신이 열정을 가진 일을 하는 데 대해 많은 무게를 둔다. 그런 그들의 특성을 살리기 위해 그들이 새로운 일을 시도해보고, 새로운 기술을 배우도록 도와야 한다.

대표적으로 3M의 '15퍼센트 룰'을 들 수 있다. 상품 연구·개발 인력들이 정규적인 일과시간의 15퍼센트를 따로 떼어내 회사의 설비를 이용해가며 개인적으로 관심 있는 제품이나 기술의 개발에 매진할 수 있도록 한 사내제도다. 사전에 보고할 필요가 없어서 상사도 몰랐던 신제품이 개발되는 일도 종종 일어난다. 부하직원의 아이디어가 명백히 실패한다는 정황이 없다면 상사는 아이디어를 실험하고 실행하도록 예산과 인원을 지원하도록 되어 있다. 3M을 대표하는 스카치테이프, 포스트잇 등의 혁신적인 상품이 모두 이런 활동에서 나왔다. 3M이 밀레니얼 세대에게 취업하고 싶은 1위 기업으로 꼽히는 이유도 바로 여기에 있다.

구글은 3M의 15퍼센트 룰을 본떠 20퍼센트 룰을 만들었다. 엔지니어들에게 업무시간의 20퍼센트 가량을 개인이 호기심을 느끼는 일에 쓰도록 배려했다. 그 결과가 바로 구글의 혁신상품인

지메일과 자율주행차다. 여태껏 이런 자율근무제도가 소수의 특별한 기업에서만 실험적 제도로 운영됐지만, 이제 밀레니얼 세대를 구성원으로 받아들이는 조직이라면 제도의 도입을 고려해봐야 할 것이다.

넷플릭스도 직원에 대해서 자유를 대폭 보장하는 기업이다. 넷플릭스가 전 세계에서 가장 성장이 빠르고, 가장 뜨거운 관심을 받고 있는 기업으로 등장한 것은 그들이 밀레니얼 고객과 밀레니얼 직원을 가장 잘 이해하고 있기 때문이다. 넷플릭스가 직원들에게 얼마나 자유를 주었는지 살펴보면 놀라울 정도다. 넷플릭스 총 인사책임자였던 패티 맥코드Patty McCord는 자신의 책에서 휴가, 예산, 전략에 대한 회사의 통제를 없앤 것에 대해 설명하고 있다.[18] 넷플릭스는 직원들의 휴가와 예산의 집행에 대해 완전한 자율을 주었다. 아무런 제한을 두지 않았다. 쉬고 싶을 때 쉬고, 예산 역시 써야 할 곳에 필요한 만큼 사용하라는 것이었다. 회사 변호사들의 반대가 있었지만 아무런 통제 없이도 휴가와 예산은 적정하게 쓰였고 직원들의 만족감과 생산성은 더 올라갔다. 넷플릭스는 매년 전략을 세우던 방침을 없애고 모든 직원과 팀에게 필요하다고 생각하는 계획을 세우고 실행하도록 했다. 결과적으로 넷플릭스는 더 빨리 성장하고 더 높은 성과를 냈다.

여기서 '자유' 대신 **'선택의 자유'**라는 용어를 사용한 것에 유의하기 바란다. 스스로가 한 선택이라면 더욱 큰 만족감을 준다. 예를 들어 휴가를 선택할 자유, 근무시간을 선택할 자유, 보상을 선택할 자유, 복지혜택을 선택할 자유 등이다. 앞에서 사례를 든 회사들은 같은 비용을 지불하더라도 자유를 줌으로써 밀레니얼 세대 직원들의 만족감을 더 높였다. 이를 보면서 우리 기업에 적용할 수 있는 것이 있는지 살펴보기 바란다.

2 ——————— 너의 취향도 옳고,
나의 취향도 옳다

신입사원의 이중생활

"우리 부서의 신입사원 A 있지 않습니까. 들어온 지 2년쯤 됐나? 엄청 얌전하고 말도 없어서 밥이나 잘 먹고 다니는지 걱정되는 스타일이잖아요. 그런데 이 친구가 금요일마다 땡 하면 부리나케 퇴근하기에 뭐 하나 했더니 주말마다 서울에 올라가서 밴드활동을 한다네요. 기타가 수준급이고 노래도 아주 잘한다네요. 아마추어치고는 팬클럽도 꽤 형성되어 있답니다. 아니, 참 요즘 친구들 겉과 속이 완전히 달라요. 무슨 지킬과 하이드인지…."

"우리 부서에 있는 B 대리도 알고보니 나름 이름 있는 유튜버라네요. 게임을 그렇게 잘한답니다. 게임하면서 수다를 떠는 동영상을 만든다는데 구독자수가 1만 명도 넘는답니다. 사실 회사 유튜브 계정보다 구독자수가 더 많아요. 아니 근데 그렇게 열심히 유튜브 활동하느라 회사 일은 게을리하는 것 아닌지 몰라요. 하지 말라고 하자니 딱히 명분도 없고…. 암튼 걱정이에요, 걱정!!!"

"아이고… 말도 마십시오. 옆 부서에 있는 C 사원은 퇴근만 하면 피트니스에 가서 살아요. 매일 2시간씩 운동을 한대요. 몸이 장난이 아닙니다. 대학 때 보디빌딩 대회 나가서 상도 받았다더라고요. 내년에는 전국대회에 나간답니다. 닭가슴살과 단백질로 식사를 해야 하니까 부서회식에서도 음식엔 손도 안 댔대요. 회사에 와서는 작업복 점퍼를 걸치고 있어서 잘 모르는데 밖에서 보면 완전 모델 뺨치게 멋있다고 여직원들 사이에 소문이 자자합니다. 인스타그램에는 C의 운동하는 모습이 쫙 올라와 있다네요."

지방으로 이주한 에너지공기업의 본부장 김성환 씨는 산하의 차·부장급과 회식을 하다가 신세대 사원들 이야기를 한참 동안 나누었다. 더 황당한 것은 이들이 개인생활을 우선시한다는 점이었다.

"지난번 프로젝트를 마감 직전에 수정해야 했거든요. 그런데 담당직원이 야근을 못 한다는 겁니다. 그 이유가 뭔지 아세요? PT(퍼스널 트레이닝)를 받기로 예약해놔서 피트니스에 가야 된다는 겁니다. 우와… 제가 어찌나 열받는지. 이게 말이 되냐고요."

"A가 서울 가서 밴드활동을 한다는 얘기를 듣고 제가 그 친구에게 농담을 했어요. 어이, 언제 우리 회식할 때 그 실력 한번 발휘해보지? 그랬더니 회사생활과 개인생활을 섞고 싶지 않대요. 그 옆에 있는 D가 하루는 조퇴한대요. 바빠 죽겠는데 왜 조퇴하냐고 했더니 서울 가서 공연 보려면 조퇴해야 한다는 거죠. 기차표 끊어놨다며 사무실을 나가더라고요. 어안이 벙벙해서 쳐다보고만 있었습니다."

요즘 중간관리자들을 만나면 하나같이 어려움을 토로한다. 취미생활은 일하고 남는 시간에 즐기는 것이라고 생각했던 기성세대와 달리, 요즘 신세대 직장인들은 일과 취미생활을 거의 동등하게 여긴다는 것이다. 중간관리자들은 이렇게 생각한다. 일은 우리의 생계를 책임져주는 신성한 영역 아니던가. 취미는 시간과 돈이 남았을 때 즐기는 것이고. 사실 여태까지 직장을 다니며 취미생활은 제대로 해본 적이 없다. 그런데 취미를 위해 일을 내팽개치다니…. 젊은 직원들이 너무 이기적이고 조직에 대한 충성심도 부족한 것 아닌가 싶지만 어떻게 할 방법이 없다.

특히 김 본부장이 근무하는 공기업은 정말 수백 대 일, 수천 대 일의 경쟁을 뚫고 입사하는 곳이다. 뛰어난 스펙을 자랑하는 수많은 지원자들 중 고르고 골라 뽑은 친구들이다. 면접에서 선호되는 지원자는 무난하고 조직에 충성할 것으로 예상되는 사람들이다. 실제로 직장 내에서는 무난하다 못해 개성이 전혀 없어 보이긴 한다. 작업복을 입고 조용하게 앉아서 일하는 모습을 보면 딱히 신세대라는 느낌도 들지 않는다. 얌전하게 시키는 일만 하는 수동적인 모습이다. 그런데 이 친구들이 회사만 벗어나면 마치 지킬과 하이드처럼 변신들을 한다. 단순히 즐기는 차원을 넘어 거의 마니아 수준으로 자신의 취향을 추구한다. 근무시간도 아닌데 뭐라고 말할 계제도 아니다.

사실 이렇게 뛰어난 친구들이 재수까지 해가면서 공기업에 입사하는 이유는 하나라고 한다. 안정된 직장을 다니면서 자신의 개인생활, 취미생활을 누릴 수 있기 때문이란다. 그들에게 취미는 그냥 남는 시간에 하는 것이 아니다. 자신의 존재를 증명하는 또 하나의 가치 있는 영역이다. 취향으로 자신의 존재감을 드러내는 것이다.

개인의 취향이 중요하다. 밀레니얼 세대는 뭔가를 손에 넣으면 그것을 자기 입맛에 맞게 조정한다. 그들은 자신이 원하는 것을, 원하는 시간에, 원하는 장소에서 얻으면서 성장했다. 따라서 무엇이든 자신이 원하는 방식에 맞추는 것을 당연시한다. 돈 탭스콧이 제시하는 사례에 따르면 북미 지역에서는 자동차를 자기 입맛대로 개조하기 원하는 디지털네이티브가 많아서 이와 관련한 산업이 폭발적으로 증가하고 있다. 일본 도요타자동차는 2003년 사이온Scion이라는 브랜드를 출시했다. 이 브랜드의 특징은 자동차 소유자가 원하는 대로 도색, 위성라디오 장착, 액세서리 구입 등을 자유롭게 할 수 있다는 것이다.

밀레니얼 세대는 자신의 취향에 맞지 않는 콘텐츠에는 흥미를 갖지 않는 특징을 보인다. 대량생산된 획일적인 제품이나 서비스에 매력을 느끼지 않으며 자신이 원하는 상품과 서비스를 소비하려는 욕구가 강하다. 자신이 관심 있는 서비스를 구독하고 '좋아요'를 누르고, 추천하며, 댓글을 다는 방식으로 양방향 소통을 중시한다. 특히 '좋아요'는 추천 기능과 팬덤을 형성하는 역할도 한다.

취향을 제대로 저격한 영리한 브랜드들

소비자로서의 밀레니얼 세대를 사로잡는 비결은 바로 그들의 취향을 정확하게 저격하거나, 자신의 취향에 맞게 조정하는 자유를 주는 것이다. 그들의 취향을 정확하게 저격하면 무슨 일이 일어나는지 최근 사례를 살펴보자.[19] 2018년 8월 13일 아침, 미국 뉴욕의 신문가판대에는《뉴욕포스트》를 사려는 사람들이 몰려들었고 번화가에서는 오전 7시 30분쯤, 뉴욕전역에서는 오전 9시 30분쯤 신문이 매진됐다. 이날《뉴욕포스트》가 매진된 이유는 신문 1면에 'Supreme(수프림)'이라는 패션브랜드의 로고가 인쇄됐기 때문이었다. 이 신문은 이튿날부터 중고거래 사이트인 이베이Ebay에서 원래 가격인 1달러보다 10배 이상 비싼 12~20달러에 거래되기 시작했다.

1994년 뉴욕에서 만들어진 수프림은 스케이트보더를 위한 보드, 옷, 액세서리를 판매하는 스트리트패션 브랜드다. 수프림 브랜드에 대한 열렬한 마니아층이 형성되면서 브랜드 로고가 들어간 제품이 매진되는 현상이 생겼다. 2016년 수프림이 벽돌에 로고를 찍어 30달러에 내놓자 품절됐고, 루이비통, 꼼데가르송, 톰브라운, 나이키 같은 유명 브랜드도 수프림과 협업했다. 매진열풍의 원인 중 하나는 희소성이다. 수프림의 매장은 미국, 영국, 프랑스, 일본에만 있고 한정판 제품을 낸다. 신제품이나 한정판을 출시하는 목요일이면 매장 앞에 긴 줄이 생긴다. 수프림의 로고가 들어간

한정판이라는 이유로 열광하는 팬이 있다는 것, 이는 취향에 맞는 브랜드에 대해 젊은 세대가 보여주는 응답이다.

개인의 취향을 존중하는 것은 이 시대의 정신이며 대세이자 사업기회다. 넷플릭스가 콘텐츠를 개인의 취향에 맞게 큐레이션하는 것, 특정한 집단의 지적 취향에 맞게 콘텐츠를 큐레이션해서 제공하는 퍼블리PUBLY, 아웃스탠딩OUTSTANDING, 스타피드StarFeed 등의 콘텐츠 스타트업이 바로 그런 시대의 변화를 반영한다. 인터넷에 아무리 공짜콘텐츠가 널려 있어도 나와 상관이 없거나 내 흥미를 끌지 못하는 것이라면 무용지물이다. 개인의 취향에 맞게 큐레이션한 책만을 판매하는 독립서점들의 부활도 이런 흐름을 반영한 것이다.

개인주의화하면서 취향을 중시하다보니 개인적인 체험, 경험에 대해 많은 의미를 부여하는 경향도 있다. 체험경제는 서비스경제의 다음 단계로 여겨진다. 서비스경제는 산업경제가 진화한 것이며, 산업경제 이전에는 농업경제가 있었다. 체험경제라는 용어가 생겨난 지 20년이 지난 지금까지 소매업체 및 서비스업체들은 소비자를 대상으로 공격적인 마케팅을 지속하고 있다. 시장조사 기관인 유로모니터Euromonitor는 2028년이 되면 전 세계적으로 체험경제에 지출되는 금액이 8조 2000억 달러에 이를 것이라 예측한다. 이벤트티켓팅 플랫폼 이벤트브라이트Eventbrite가 2017년 발행한 보고서에 따르면, 미국 밀레니얼 세대의 75퍼센트 이상이 갖고 싶은 물건을 구매하는 것보다 원하는 경험 또는 이벤트에 돈을 쓰는 것을 더 좋아한다. 앞으로 여행산업의 성장전망이 밝을 것으로 보이는 이유다. 에어비앤비가 숙소공유로부터 확장해 여행지에서의 다채로운 체험을 연결하는 종합적인 여행체험으로 뻗어나가려는 원인도 바로 밀레니얼 세대에 있다.

일본의 츠타야TSUTAYA는 취향을 큐레이션하고 라이프스타일을 제안해 성공한 서점이다. 말하자면 서점에 큐레이션을 도입한 거의 첫 사례라고 볼 수 있다. 츠타야는 CCC그룹의 CEO 마스다 무네아키增田宗昭의 작품으로 라이프스타일을 제안하고 그에 맞게 큐레이션한다. 마스다 무네아키는 빠르게 변화하는 과학기술과 느리게 변화하는 사회제도, 인식 사이의 간극을 줄이는 것에 주안점을 둔다. 현대는 지적자본의 시대로 기획의 중요성이 더욱 커진다는 것이다. 기획이란 바로 빠르게 변화하는 것과 느리게 변화하는 것 사이의 간극을 메워서 사람들에게 도움을 주는 것이다.

츠타야는 규모가 꽤 크다. 거의 우리나라 교보문고나 영풍문고에 버금간다. 하지만 내용은 완전히 다르다. 도쿄 긴자에 있는 츠타야를 방문한 적이 있는데 이곳은 디자인과 관련된 책으로 구성되어 있었다. 디자인으로 유명한 제품들도 함께 있어 적어도 디자인 관련 일을 하거나 관심이 있는 사람이라면 전 세계 어느 장소보다 긴자의 츠타야를 좋아할 듯했다.

우리나라에서도 취향을 살려 책을 선별, 즉 큐레이션한 작은 서점들이 등장하고 있다. 온라인서점의 등장으로 동네책방이 완전히 사라질 것 같았지만 오히려 늘어나는 추세다. 대신 경영자의 취향이나 전문성에 따라 선별된 책이 진열되고, 독서클럽이 운영되는 등 책방의 역할이 달라졌다. 서울 홍대 인근에 자리 잡은 '사적인 서점'은 약국도 아닌데 처방전이 발급되는 곳이다. 책방의 주인인 정지혜 대표는 손님 한 명 한 명과의 대화를 통해 상대에게 가장 필요한 책을 직접 처방해준다. 정 대표는 독서를 하며 치유받았던 경험을 통해 서점을 열게 됐다고 한다. 오직 예약한 손님만을 받는 사적인 서점이다. 의뢰인은 1시간 동안 정 대표와 대화를 나누고 일주일간의 큐레이팅을 거쳐 책과 편지를 택배로 받을 수 있다.

서울 통의동에 문을 연 '역사책방', 삼청동 골목에 생긴 과학서점 '갈다'도 그 흐름을 보여준다. 역사책방의 백영란 대표는 IT기업 임원으로 은퇴한 뒤 평소 자신이 좋아하던 역사와 관련된 다양한 책을 모아 책방을 열었다. 인기 드라마였던 〈미스터 션샤인〉과 관련한 서적을 비치하고, 역사강연, 탐방프로그램 등을 운영하면서 역사마니아들의 사랑방 역할을 하고 있다. 과학서점 갈다는 이명현 천문학자와 장대익 서울대학교 자유전공학부 교수가 과학저술가, 출판사 대표 등과 힘을 합쳐 만든 과학전문 책방이자 문

화공간이다. '갈다'는 갈릴레오와 다윈을 합친 이름이기도 하고
딱딱한 과학을 부드럽게 간다는 의미도 있다.

한남동에 위치한 '스틸북스'도 주제에 맞는 큐레이션으로 취
향을 저격하고 있다. 2018년 6월에 오픈하자마자 책을 사랑하는
사람들 사이에 핫플레이스로 떠오르고 있다. 사실 서점에 가서 책
을 고르는 일은 꽤 어렵다. 신문이나 잡지의 서평을 보고 마음에
드는 책을 미리 선택하고 가는 경우가 아니라면 서가에 꽂혀 있는
수백, 수천 권의 책 중에서 좋은 책을 고르기란 쉽지 않다. 누가 내
취향에 딱 맞게 책을 추천해주었으면 좋겠다는 생각을 하게 되는
이유다. 스틸북스가 그런 서점이다. 경제경영, 자기계발, 어린이
등의 분류로 책을 나누는 대형서점과 달리, '당신이 찾는 서체가
있습니다', '주제의식이 뚜렷한 로컬잡지들', '도시여행지의 필수
품', '그리고 음악은 문학이 됐다' 등의 섹션에는 정확하게 취향을
고려해 엄선한 책들이 놓여 있다. 서울대학교 경영학과 김상훈 교
수는 페이스북에 "꾹꾹 참지 않았으면 책을 열 권도 넘게 사들고
나올 뻔…"이라고 쓸 정도로 취향을 저격당했다. 이 서점은《매거
진 B》라는 브랜드 전문잡지를 발매 중인 JOH가 열었다. JOH의
대표는 현 카카오 공동대표며 전 NHN 마케팅·디자인 총괄 부문
장을 지낸 조수용 씨다.

2017년 독립서점 현황조사에 따르면 전국에는 독립서점이 79
곳 있다. 그 외에 특색 있게 커피와 차가 있는 서점이 59곳, 술이 있
는 서점이 22곳, 심리전문서점 4곳, 식물이 있는 서점 3곳, 쿼어서

점 1곳, 시니어서점 1곳, 요리전문서점 1곳 등이 있다.

너도 옳고 나도 옳다, 랭면의 취향

2018년 여름을 뜨겁게 달군 트렌드 중 하나는 냉면이었다. 남북정상회담이 성사되고 그 생생한 장면이 모두 국민들에게 공개되면서 새로운 흐름이 등장했는데 그중 하나는 냉면에 대한 관심과 열정이었다. 전국 각지의 소위 냉면맛집에 사람들이 냉면을 먹기 위해 기다랗게 줄을 서서 기다리는 장면이 종종 뉴스에 떴다. 때마침 여름이 다가왔고 평양냉면의 정통성에 대해 갑론을박하는 네티즌이 늘어났다. 냉면을 좋아하는 마니아들의 취향에 대한 논쟁도 뜨거워졌다. 냉부심,[20] 면스플레인[21]이라는 용어도 등장했다.

그러던 중 2018년 7월 21일 《경향신문》 2면 전면에 실린 인포그래픽 특집 〈너도 옳고 나도 옳다, 랭면의 취향〉은 이런 트렌드를 등에 업으면서 폭발적인 반응을 얻었다. 서울과 의정부에 위치한 내로라하는 냉면맛집 30곳을 대상으로 육수의 종류, 염도, 당도, 면의 색깔과 강도, 꾸미, 고명, 계란의 형태, 반찬 등 모든 요소들을 분석해 보기 좋은 인포그래픽으로 선보인 것이다. 이 기획기사는 페이스북, 트위터, 인스타그램 등 소셜미디어 매체를 통해 순식간에 공유됐다. 온라인기사에는 구글지도에서 각자의 취향에 맞는 맛집을 찾아주는 서비스까지 제공했다. 디지털네이티브인 밀레니얼 세대가 이것을 그냥 넘길 리 없었다. 그들은 각종 패러디를 양산했고 이 또한 급속도로 퍼져나갔으며 냉면집 찾기가 온라인에서 끊임없는 화제를 불러일으켰다. 소셜미디어에서의 화제, 독자들의 경험, 냉면붐 등 꽤 주목할 만한 현상을 만들어낸 그 기사는 심지어 아예 신문을 소장하려는 마니아들의 열정에 힘입어 굿즈goods[22]로 등극하기까지 했다.

비록 젊은 세대가 외면하는 종이신문이지만 이처럼 기획과 내용에 따라 얼마든지 환호와 지지를 받을 수 있다. 냉면 특집기사가 이처럼 인기 있었던 원인은 첫째, 너의 취향도 옳고 나의 취향도 옳다는 태도에 있다. 평양냉면은 이런 맛이어야 한다고 주장하거나 강요하지 않는다. 모두의 취향이 다 옳다고 인정하는 것이 바로 고객의 마음을 울리는 지점이다. 모두의 취향을 동시에 충족시키는 것이 가능하지도, 바람직하지도 않다는 마음가짐. 타인의 취향을 그대로 존중하는 태도가 바로 신세대의 열광을 얻어낸 결정적 요인이다.

둘째, 빅데이터 분석을 통해 나의 취향에 따라 맛집을 구글지도에서 찾게 해준 서비스마인드 또한 포인트였다. 단지 모두의 취향이 옳다고 한 것에서 그치지 않고 내 취향을 살릴 수 있는 맛집을 바로 연결해준 것이다. 그것도 클릭만 하면 지도에 나타나는 방식으로. 아무리 이 세상에 정보가 넘치고, 맛집이 넘치고, 추천이 많아도 내 취향에 맞는 맛집 한 곳이 훨씬 유용하고 중요한 법이다.

셋째, 냉면의 취향에 대한 모든 요소를 분석해서 맛집을 정리하되 젊은 세대가 쉽게 다가갈 수 있도록 그래픽을 충실하게 활용했다는 점이다. 특집기사의 지면을 보면 아름다움까지 느껴진다. 제목서체, 30곳의 냉면맛집 분석, 당도와 염도에 대한 비주얼화가 정말 정성스럽고 친절하고 직관적이다. 이 사례를 보면 디지털은 혁신을 이루는 도구일 뿐임을 새삼 깨닫게 된다.

개인의 취향을 존중하라

토플러가 '생산활동에 참여하는 소비자'라는 의미에서 프로슈머라는 용어를 사용했다면, 이들은 '판매활동에 참여하는 소비자'라는 의미에서 셀슈머sellsumer라고 부를 수 있을 것이다. 셀슈머들이 판매하는 상품과 채널은 매우 기본적이면서도 무척 다양하다. 이는 생명을 이루는 기능적·구조적 기본단위며 셀 수 없을 만큼 많은 세포cell와 유사하다. 이에 《트렌드 코리아 2019》에서는 프로슈머 2.0 형태의 공급자들이 주도하고 있는 극도로 세분화된 세포단위의 시장을 '세포마켓Cell Market'이라 명명한다.[23]

대량생산 및 대량판매의 시대가 저물고 있다. 김난도 교수는 2019년의 소비흐름을 "원자화·세분화하는 소비자들이 환경변화에 적응하며 정체성과 자기의 콘셉트를 찾아가는 여정"이라고 요약했다. 1인 가구의 비율이 4인 가구를 앞질러 30퍼센트에 육박하면서 '1코노미(1인 가구와 이코노미의 합성어) 시대'가 왔다는 얘기가 실감난다. 그런데 혼자 사는 1인 가구는 각자 취향이 다르다. 그래서 1인 1마켓(세포마켓)이라는 표현도 나온다. 1인 마켓으로 빠르게 세포분열이 진행되는 시장에 대응하려면 과거의 대량생산 시대의 사고방식이나 고객을 바라보는 시각을 모두 벗어나야 한다. 지금 우리 시대의 고객들은 빠르게 세포분열 중이다. 이런 트렌드를 일찍부터 확인한 몇몇 기업은 스몰브랜드로 고객들의 니즈를 만족시키고 있다.

미국 속의 작은 유럽이라고 불리는 오리건주의 포틀랜드는 여러 가지로 독특하다. 스스로 독특함을 유지하려고 노력하다보니 'Keep Portland Weird(포틀랜드를 독특하게)'가 비공식 캐치프레이즈가 됐을 정도다. 포틀랜드 사람들은 개인의 취향을 존중하고, 지역의 고유한 특성을 유지하기 위해 애쓴다. 지역농부들이 경작한 채소, 달걀, 과일을 파는 파머스마켓이 활발하게 운영되고, 지역공예가들이 만드는 가죽제품과 다양하고 실험적인 수제맥주가 주민들의 사랑을 받는다. 심지어 미국에는 포틀랜드에 가서 월마트Walmart를 찾지 말라는 농담이 있다. 허름한 골목의 작은 가게, 농부들이 직접 자신의 경작물을 들고 나오는 파머스마켓 등을 자랑스럽게 여기고 애용하는 포틀랜드 사람들에게 월마트와 같은 초대형기업이 그다지 환영받지 못해서다. 포틀랜드의 스몰브랜드

'Keep Portland Weird'는 개성 있는 포틀랜드의 비공식 캐치프레이즈다.

에 매혹된 사람은 단지 지역주민들만이 아니다. 구시가지 골목에 자리한 카페 '하트Heart Roasters'는 전 세계 커피마니아들이 꼽은 '죽기 전에 꼭 가봐야 할 10대 카페' 중 1등으로 선정된 적도 있다.

개인의 취향에 맞게 큐레이션해주는 취향저격 비즈니스는 이제 세계적인 추세가 되어간다. 츠타야의 창업자 마스다 무네아키는 지금 시대를 소비사회의 세 번째 단계로 본다. 첫 번째 단계는 물건이 부족한 시기로 어떤 상품이건 용도만 충족하면 팔린다. 두 번째 단계는 물건이 여전히 중요하지만 구매하는 장소가 선택의 기준이 되는 시기로 고객접근성이 중요하다. 세 번째 시기는 물건도, 구매할 수 있는 장소도 충분한 시기다. 넘치는 정보 속에서 삶의 가치를 높여주고 고객의 선택을 돕는 제안능력이 있어야 한다. 츠타야는 서점의 성공에 힘입어 가전제품으로 사업을 확장하고 있다. 이것은 결국 마스다 무네아키의 의도대로 츠타야가 라이프

스타일을 파는 기업으로 성장하는 것을 의미한다.

서울 마포구 합정동에 위치한 '취향관'은 개인취향의 시대에 맞는 확실한 콘셉트를 보여준다. 멤버십제로 운영되는 이곳의 대표는 고지현 씨와 박영훈 씨다. 뚜렷한 취향을 가진 두 사람이 의기투합해 만든 공간에서 멤버들은 영화, 음악, 술, 책, 공연 등 다양한 분야에 대한 취향을 추구하고 공유한다. 취향관의 고풍스러운 대문을 열고 들어가면 마당은 제주도의 어느 정원에 온 것 같은 느낌을 준다. 제주도에서 흔히 마주치는 검은 돌이 멋스럽게 깔려 있고 억새풀 등 야생초가 분위기를 더한다. 현관문을 들어서면 마치 부티크호텔 로비에 온 것 같다. 컨시어즈concierge라고 써 있는 데스크에서 멤버들은 체크인을 한다. 오랜 시간의 흐름을 견뎌온 듯한 고풍스러운 인테리어로 꾸며진 2층집에는 멤버들이 취향을 탐구하는 방이 여러 개 있다. 작은 공연장도 갖추고 있어 영화와 라이브 콘서트를 감상할 수 있다.

까다롭게 골라 먹고 골라 입고 싶다

건강한 음식재료로 잘 먹고 잘 살고 싶은 이를 위해 만들었다는 프리미엄 푸드마켓인 마켓컬리Market Kurly도 취향저격 비즈니스다. 마켓컬리의 김슬아 대표는 정확하게 안전한 먹거리를 원하는 소비자와 미식가의 취향을 저격했다. 게다가 밤 11시 이전에만 주문하면 이튿날 아침 7시까지 현관문 앞에 배송해주는 샛별배송 시스템으로 히트를 쳤다. 미국 유학을 마치고 홍콩과 싱가포르에서 직장생활을 하는 동안 맛있는 음식을 먹으러 다닌 경험이 한국에서의 창업을 가능하게 했다. 천연효모종 빵집, 정통 프랑스베이커리 등에서 빵을 공급받고 숙성한우, 지리산 자락의 흑돼지스테이크 등 30~40대 미식가들이 좋아할 만한 음식을 절묘하게 큐레이팅했다. 백화점의 고급 식품매장보다 더 정성스러운 구색이라고 평가받을 정도다.

몇 년 전만 해도 식당에서 맥주를 시킬 때 "맥주 주세요"라는 말이 통했다. 브랜드가 서너 가지에 불과했기 때문이다. 그중 식당에서 더 선호하는 브랜드를 갖다주면 그걸 마셨다. 요즘은 그렇게 주문하는 사람이 없다. 수제맥줏집을 찾아다니는 젊은 고객들은 자신이 좋아하는 특정 브랜드를 고집한다. 자신이 좋아하는 맥주를 마시기 위해 30분에서 1시간 정도는 차를 타고 이동해도 괜찮다고 여긴다. 국내에 수제맥주 붐을 일으킨 개척자는 더부스The Booth다. 한국맥주가 북한의 대동강맥주보다 맛없다는 내용의 기사를 쓴 영국 잡지 《이코노미스트》 기자 대니얼 튜더, 한의사 김희윤, 애널리스트 양성후가 의기투합해 2013년 서울 용산구 경리단길에 작은 맥줏집 문을 연 게 더부스의 시작이다. 가장 대표적인 제품은 '대동강페일에일'이다. 2014년 덴마크 주류회사 미켈러Mikkeller와 협업해 국내에 제품을 출시하려 할 당시 식품의약품안전처는 제품명에 대해 대동강 물이 들어갔다는 오해를 일으킬 수

'검열당했어요censored'라는 스티커를 붙이며
스토리가 더 풍부해진 대동강페일에일

있다며 불허했다. 결국 인쇄된 상표의 '동' 자 위에 일일이 '검열당
했어요censored'라는 스티커를 붙인 뒤 '대ㅇ강페일에일'이란 이름
으로 내놨었다.

　더부스는 이 사연마저 〈너의 이름 꼭 찾아줄게〉라는 동영상
콘텐츠로 만들었고, 덕분에 대동강 페일에일은 한국 최초의 수제
맥주로서 풍부한 스토리와 상징성까지 지니게 됐다. 더구나 이름
때문에 겪는 어려움을 해결해주려는 많은 팬들까지 확보함으로
써 오히려 더 큰 명성을 획득했다. 더부스를 기점으로 수제맥주 브
랜드는 계속 늘어나고 있다. 서울 성수동에 자리 잡은 '어메이징

브루어리', 제주도에서 출발해 전국으로 빠르게 시장을 확대 중인 '제주에일', 전국에 프랜차이즈를 내면서 확장 중인 '생활맥주' 등 수제맥주의 점유율은 갈수록 높아지고 있다. 개인의 취향에 맞는 맥주를 만들어내려는 업체들 덕분에 카스와 하이트가 양분하던 한국의 맥주시장은 세분화를 거쳐 완전경쟁화로 향하고 있다.

29CM도 패션, 생활용품, 가전에 이르기까지 감각적이고 세련된 라이프스타일을 원하는 소비자의 취향을 제대로 만족시킨 온라인편집숍이다. 이 업체는 패션과 뷰티노하우를 공유하는 플랫폼이자 쇼핑몰로 크게 성공한 스타트업 스타일쉐어Styleshave가 300억 원에 인수했다. 글로벌화로 시장이 통합되고 아마존이나 구글 같은 회사가 제국을 구축하지만 누군가의 마음을 울리는 심쿵 비즈니스가 될 수는 없다. 갈수록 개인의 취향이 세분화되고 중요시되면서 취향씨족의 마음을 울리는 스몰브랜드가 많이 생겨날 것으로 보인다.

스몰브랜드에 대한 선호나 취향 세분화 등은 소셜미디어와 연관이 있다. 시장조사 기관 닐슨Nielsen에 따르면 밀레니얼 세대는 한 주에 19시간을 방송 및 케이블TV 시청에 보내며, 이는 성인 평균인 34시간보다 훨씬 낮다. 이들은 라디오방송을 많이 이용하지 않는 반면 37퍼센트가 한 주에 적어도 1개의 팟캐스트를 듣는다. 신규기업들은 소셜미디어를 통해 밀레니얼 세대에 다가갈 수 있으며, 이는 정보습득의 세분화를 더욱 가속화한다. 뷰티분야가 좋은 예다. 컨설팅사 맥킨지McKinsey에 따르면 2008~2016년 소규모 브랜드의 매출은 연 16퍼센트 상승했다. 밀레니얼 세대는 2012 년 로레알L'Oréal이 인수한 어반디케이Urban Decay와 같은 개성 강한 브랜드의 제품도 종종 실험적으로 사용한다. 또한 샬롯 틸버리 Charlotte Tilbury, 트리쉬 맥에보이Trish McEvoy 등의 메이크업아티스트 들은 다수의 팔로어를 확보했다. 정보를 습득하는 방식이 세분화 될수록 밀레니얼 세대의 취향은 더욱 세분화될 것으로 보인다.

고객의 취향을 이해하고 존중하는 것으로부터 시작하자. 고객을 세분화할 필요가 있다. 모든 고객을 대상으로 하는 범용제품에 대해 밀레니얼 세대는 지루해한다. 매력을 느끼지 못하는 것이다. 그들은 자신만의 취향을 뚜렷하게 드러내며, 그 취향에 맞는 스몰 브랜드에 심취한다. 지금까지 타깃으로 생각해온 고객은 급격하게 줄어들 것이다. 물론 고객의 세분화가 진행되는 속도나 범위는 기업에 따라 달라질 수 있겠지만 변화가 진행 중인 것은 분명하다. **시장에 새롭게 등장해 복잡미묘한 취향을 드러내는 고객을 섬세하게 관찰하지 않는다면 어느새 고객이 멀어져갈 것이다.** 고객을 세분화하려면 **밀레니얼 세대의 취향이 어떤 방식으로 세분화하는지를 알아야 한다.** 지금 고객이 어떤 방향으로 움직이고 있는지도 알아야 한다. 공이 어디로 올지 그 지점을 파악해 움직이는 공격수처럼 예민하게 움직여야 한다.

그들의 취향을 포착하기 위해서는 그들의 언어, 채널, 콘텐츠를 이해하려고 노력할 필요가 있다. **밀레니얼 세대가 몰입하는 팟캐스트나 다양한 소셜미디어에 대한 집중적인 탐구를 멈추지 말아야 한다.** 페이스북이나 인스타그램에 등장하는 키워드의 변화를 늘 주시하자. 인기 있는 유튜브뿐만 아니라 최근 인기가 상승하는 프로그램 등을 살펴보면 어떤 분야가 떠오르고, 어떤 분야가 관심 밖으로 사라지는지 확인할 수 있다. 밀레니얼 세대를 위한 뉴스를 정리해서 제공하는 뉴닉Newneek과 같은 미디어도 구독해보자.

조직의 밀레니얼 세대 사원들도 취향이 다양할 것이다. **만약 밀레니얼 세대 고객을 대상으로 이런 작업을 해야 한다면 조직의 밀레니얼 세대에게 진심 어린 자문을 구하기 바란다.** 밀레니얼 고객은 밀레니얼 직원이 상대하도록 하는 것이 스마트한 방법이다. 구찌Gucci가 밀레니얼 세대의 취향에 정확하게 부응할 수 있었던 것은 바로 섀도커미티Shadow Committee 덕분이었음은 잘 알려진 사실이다. 이는 밀레니얼 세대 직원으로 이루어진 위원회다. 50대 이상의 임원으로 이루어진 경영진회의가 끝나면 똑같은 의제로 섀도커미티에서 다시 회의를 했다고 한다. 그 결과 다른 명품브랜드가 고전을 면치 못하는 시기에 구찌가 밀레니얼 세대의 열렬한 환호에 힘입어 화려하게 부활했음은 물론이다.

밀레니얼 세대 사원에게 시장조사, 고객세분화, 고객 눈높이에 맞는 제품과 서비스 창출 등의 과정을 프로젝트로 맡겨보라. 마치 하나의 작은 스타트업처럼 기민하게, 독립적으로 프로젝트를 수행하도록 하는 것이다. 그리고 시험적으로 그 프로젝트를 시장에 적용해본다면 밀레니얼 세대 사원에게는 무척 의미 있고, 중요한 경험이 될 것이다. 특히 작은 규모의 실험이라면 실패해도 리스크가 적고, 많은 것을 배울 수 있다. 이 프로젝트의 과정과 결과를 모두 제대로 기록해 조직 전체적으로 공유함으로써 조직문화를 바꾸는 원동력으로 삼을 수 있다. 신세대 사원들에게는 회사에 대한 전략적 마인드와 고객에 대한 깊이 있는 고민을 해보는 계기를 제공할 것이며, 기성세대 구성원들에게는 신세대 사원들의 생각과 역량을 이해하고 인정하는 기회를 줄 것이다. 다른 세대 구성원들이 프로젝트를 통해 커뮤니케이션함으로써 세대 간 소통의 중요한 창구로 활용할 수 있다. 물론 이런 과정에서 중요한 것은 밀레니얼 세대 사원들에 대한 선배나 상사들의 존중이다. 한 수 가르쳐주겠다는 태도로 그들의 프로젝트를 품평하거나 자신들의 인식수준에서 비판한다면 세대 간 간극은 더 커질 뿐이다. 더구나 밀레니얼 세대의 고객에 대한 이해도 더욱 요원해질 것이다.

3 ——————— 진정성이 있을 때 마음을 연다

이해할 순 없지만 함께 일해야 한다

오전 9시. 중견기업 CEO 황주선 씨는 조찬포럼을 끝내고 출근을 위해 서울 시내 모 특급호텔을 나선다. 황 대표는 일주일에 2회 이상 조찬행사나 독서모임에 참석한다. 요즘 대부분의 조찬강의 주제는 4차 산업혁명이다. 그는 나름대로 기술변화에 촉각을 곤두세우며 잘 적응해왔다고 생각하지만 최근 몇 년 동안은 여러 가지로 쉽지 않다고 느낀다. 알파고라는 듣도 보도 못한 인공지능 프로그램이 세계 바둑계의 선두 이세돌을 완전히 제압하는 일대 사건이 벌어진 후 마치 기다렸다는 듯 디지털혁명의 밀물이 덮쳐 왔다. 인공지능을 필두로 빅데이터, 사물인터넷, 딥러닝, 블록체인 등의 용어가 쏟아지고 거의 모든 분야에서 급속도로 변화가 진행되는, 한마디로 예측불허의 상황이다. 기술변화는 너무 빠르고 너무 뚜렷해서 마치 폭풍우가 몰아치는 듯하다. 등장하는 용어도 이해하기 어려운데 그 변화를 예측하고, 우리 조직의 전략과 대응안을 수립해야 하니 경황이 없다. '4차 산업혁명'이라는 말이 제목에 들어간 책을 찾아서 읽고, 조찬강연도 열심히 찾아다닌다. 그래서 개념이 선명하게 잡히고 갈 길이 보이면 다행인데 그렇지 않아서 답답하다.

하지만 기술변화를 쫓아가기도 벅찬 황 대표에게 닥친 더 큰 문제는 시장의 변화다. 기술의 변화가 폭풍우라면 시장의 변화, 고객의 변화는 안개다. 항해를 지휘하는 선장이 가장 두려워하는 것은 폭풍우가 아니라 안개라고 한다. 그런데 지금 조직을 둘러싼 상황은 마치 험난한 파도와 짙은 안개가 함께 닥친 바다를 항해하는 느낌이다. 하지만 선장이 우왕좌왕할 수는 없는 일. 폭풍우와 안갯속에서도 방향을 잡고 헤쳐나갈 방도를 찾아야 한다. 기술변화는 요란하게 미디어를 장식하고 많은 사람들이 이야기해 주목이라도 했지만 고객의 변화는 소리 없이 다가왔다. 철부지 아이들이라고 생각했던 20대가 시장에 본격적으로 등장하면서 황 대표가 알고 있던 마케팅과 영업기법이 효력을 잃어가는 것을 느낀다. 그들이 유튜브를 많이 본다고 하지만 그곳에 광고를 낸다고 효과가 있지는 않다. 광고는 당연히 건너뛰기 때문이다. 광고라고 표시된 동영상은 아예 클릭조차 하지 않는 그들의 눈과 귀는 무엇으로 사로잡는가.

게다가 이들은 고객인 동시에 조직의 구성원이다. 황 대표는 몇 년 전부터 조직문화를 좀 더 개방적으로 만들기 위해 노력하고 있다. 임원회의에서 나온 아이디어대로 매주 목요일은 '가정의 날'로 정해서 일찍 퇴근하도록 했고, 복장도 자율화했다. 물론 자신은 늘 조찬에 참석하거나 외부 손님을 만나야 해서 항상 정장을 챙겨 입었다. 당연히 임원들도 정장을 입었다. 반면 직원들에게는 복장을 자율화하라고 권했다. 하지만 막상 자율화를 해도 다들 정장을 입는 것 같았다. 직원들도 정장이 더 편한가 보다 생각했다.

그런데 며칠 전 정말 화가 나는 일이 있었다. 한 임원이 팀원으로부터 들은 이야기를 황 대표에게 개인적으로 전해주었기 때문이다. 황 대표가 한 달 전쯤 신입사원과의 간담회에서 한 말이 직원들 사이에서 큰 놀림감이 됐다는 것이다. 전말은 이렇다. 언제나 그렇듯 신입사원 간담회에서 황 대표는 진정성 있게 다가가려고 노력했다. 진심을 담아 열정적으로 이야기했다.

"여러분도 주인의식을 가지고 열심히 노력하면 얼마든지 임원이 될 수 있습니다. 내 회사처럼 생각하고, 꿈을 가지고 열심히 하세요. 부러워할 시간에 노력하세요. 열심히 하는 사람에게 반드시 보상이 이뤄집니다."

이런 내용으로 힘주어 이야기하면서 사원들의 표정을 살폈다. 감동 가득한 표정을 기대했는데 뭔가 이상했다. 대부분이 웃는 듯 마는 듯 무표정했다. 옆에 있던 전무가 열정적으로 박수를 치자 몇몇 직원이 가볍게 따라 칠 뿐이었다. 황 대표는 실망스러웠지만 요즘 아이들은 수줍음이 많은가 했다. 하지만 간담회 직후부터 사원들이 블라인드Blind라는 커뮤니티에 '내 회사가 아닌데 내 회사처럼 일하라니… ㅠㅠ', '사장님은 자기 회사, 우리는 남의 회사임', '저렇게 불쌍해 보이는 임원 되려고 노력하느니 차라리 평생 사원할 거임' 등등의 후기를 올렸다고 한다. 임원의 얘기를 들은 황 대표는 작년만 해도 그런 일이 없었는데 이게 무슨 일이지 싶어 한숨을 내쉬었다.

조찬회장에서 누가 "요즘 젊은 애들 좋아하는 베스트셀러가《하마터면 열심히 살 뻔했다》라고 합니다. 아무래도 한번 읽어봐야 할 것 같습니다"라고 말했다. 책 제목만으로도 울화가 치밀고 기분이 나빠지지만 자신도 읽어보기는 해야겠다고 생각했다. 이 책을 주문하라고 비서에게 시켰더니 비서가 비슷한 종류의 베스트셀러라면서 책을 한 권 더 주문해줬다.《죽고 싶지만 떡볶이는 먹고 싶다》. 이게 도대체 뭔 소린가.

디지털기술의 발달로 천지개벽하는 변화가 다가오고 있는데 고객은 안갯속으로 사라져가는 느낌이다. 이런 환경에서 온 조직이 한 몸이 돼 뛰어도 생존할 수 있을지 걱정스러운데, 나를 따라줄 조직의 구성원들은 '하마터면 열심히 살 뻔했다'고 한다니….

밀레니얼 세대는 좋은 세상을 만들고 싶어 한다. 돈 탭스콧은 그들이 약속을 잘 지키고 성실함을 중시하며 선한 일을 하려 노력한다고 분석했다. 미국 질병예방통제센터CDC 통계에 따르면 1990년대 이후 젊은 세대는 위험행동, 즉 안전벨트를 착용하지 않는다거나 음주운전자의 차량에 탑승한다거나 무기를 소지한 적이 있다거나 싸워본 적이 있다거나 콘돔을 사용하지 않는다거나 하는 행동을 하지 않는 방향으로 태도가 바뀌었다. 또 그들은 환경에 대한 인식, 부정부패 및 소비자를 속이는 행위 등에 대해 민감하며 만약 자신이 그런 행위를 하는 기업을 발견한다면 당연히 소셜미디어를 통해 친구들과 공유할 것이라고 밝혔다. 그들은 환경과 사회에 대한 책임의식, 어려운 이웃을 돕는 자원봉사, 투명한 지배구조 등 주요한 이해관계자에 대한 책임을 다하려고 노력하는 기업에 대해 호감을 보인다. 자신이 속한 기업이 사회적 책임을 다하는 기업일 때 자부심을 느낀다.

2011년 미국 최대의 세일 기간인 블랙프라이데이Black Friday에 스포츠용품 기업인 파타고니아Patagonia는 'Don't buy this jacket(이 재킷을 사지 마세요)'라고 큼지막하게 쓴 광고를 냈다. 그 이유는 다음과 같다.

"이 재킷을 사지 마세요. 우리가 만드는 모든 것이 가져오는 환경피해는 예상외로 엄청납니다. 지금 당신이 보고 있는, 우리 회사의 베스트셀러제품인 R2재킷도 마찬가지입니다. 이 재킷을 만드는 데 135리터의 물이 필요합니다. 이 양은 45명의 성인들에게 필요한 하루 물 섭취량입니다. 또한 재킷을 만드는 데 우리가 사용하는 폴리에스테르의 60퍼센트는 재활용된 것이지만, 그래도 환경파괴의 주범인 이산화탄소를 20파운드나 만들어냅니다. 사실 우리는 이 재킷을 친환경적으로 만들기 위해 최선을 다합니다. 많은 부분에서 재활용된 섬유를 사용하고, 내구성이 매우 좋아서 구입한 후에 가능한 한 오래 입을 수 있도록 만듭니다. 하지만 우리가 최선을 다하더라도 이 재킷의 가격을 훨씬 넘는 환경비용이 발생합니다. 당신이 반드시 필요하지 않은 물건을 살 필요는 없습니다. 당신이 무엇을 사려고 할 때 한 번만 더 생각해보는 시간을 가지세요."

실제로 파타고니아는 1993년부터 플라스틱병을 재활용하기 위해 많은 노력을 기울였다. 버려진 플라스틱병으로부터 옷감의 실을 뽑아내는 최첨단기술을 개발해 수십 종의 의류에 활용한다. 파타고니아가 운영하는 '낡아빠진 옷(wornwear.patagonia.com)'이란 블로그에는 고객들이 파타고니아 옷을 얼마나 오래 입는지, 어떻게 수선해서 입는지, 오래된 옷을 얼마나 사랑하는지 등 다양한 사연을 올린다. 그리고 파타고니아는 새로운 옷을 사라고 마케팅하는 대신 고객들에게 무료로 반짇고리를 나누어주거나, 수선 방법을 동영상으로 홈페이지에 올리는 등의 활동을 적극적으로 하고 있다. 이 업체의 매출액은 어떻게 됐을까? 자사의 제품을 사지 말라는 마케팅에도 불구하고 매출은 매년 15퍼센트 이상 성장하고 있으며 시장점유율도 올라가는 중이다. 현재 스포츠용품 분야에서 파타고니아는 노스페이스North Face, 컬럼비아Colombia와 3대 브랜드로 손꼽힌다.

트럭 방수포, 버려진 자전거타이어, 폐차장에서 가져온 안전벨트 등의 재료를 사용해 만든 가방이 50만 원 넘는 가격에 팔린다면 믿을 수 있을까. 마커스 프라이탁Markus Freitag이란 젊은이가 가능한 한 환경에 해를 끼치지 않으면서 비바람에 강한 출퇴근용 가방을 만들어보겠다며 선보인 프라이탁 가방이 바로 그렇다. 그는 5년 이상 사용되다 버려진 쓸모없는 트럭 방수포를 이용해 가방을 만들었다. 폐차에서 가져온 안전벨트로 가방끈을, 버려진 자전거타이어로 부속품을 만들었다. 이런 제품에 열광하고 비싼 값을 지불하고라도 사려고 하는 소비자. 소셜미디어로 이 가방에 대한 자신의 애정과 팬덤을 아낌없이 공유하는 이들이 바로 디지털네이티브 소비자들이다.

그들은 재활용, 리사이클링Recycling이 아닌 새활용, 업사이클링Upcycling에 열광하는 것이다. 국내에서도 소방관이 사용하는 가방과 천 소재 등을 새롭게 디자인해 파는 파이어마커스Firemarkers, 폐차의 시트가죽을 수거해 백팩과 숄더백 등으로 만들어 판매하는 모어댄Morethan 등이 밀레니얼 세대의 눈길을 받고 있다. 특히 모어댄의 가방은 BTS의 멤버 RM이 착용한 사진을 인스타그램에 올리면서 화제가 되기도 했다.

국내 대기업이 환경에 대한 책임성을 강화하기 위해 노플라스틱 캠페인을 벌이는 것은 밀레니얼 고객에게는 특히 호감도를 높이는 효과를 가져올 것으로 보인다. SK이노베이션은 김준 총괄사장 및 자회사 대표이사들이 신세대 사원들과 함께 머그컵 또는 텀블러를 손에 들고 인증샷을 찍어서 올렸다. 친환경적인 근무환경을 만들려는 취지였다. 이 캠페인은 15일 만에 사내 400여 팀 가운데 290팀, 사원 6400명이 참여하는 큰 호응을 얻었다.

돈보다 고객의 불편을 해소하겠다, 토스

"저희는 기본적으로 회사가 하는 일은 돈을 버는 것이 아니라 사회가 갖고 있는 문제를 해결하는 거라고 생각해요. 그 과정에서 사회에 부를 제공하고, 그 대가로 사회의 부를 전달받는 게 회사인 거죠.”

2015년 공인인증서 없는 빠르고 간편한 송금서비스 앱으로 출발한 토스. 3년 만인 2018년 사용자수가 900만 명에 이르렀고 곧 1000만 명을 돌파할 것으로 보인다. 토스의 창업자 이승건 비바리퍼블리카 대표는 퍼블리와의 인터뷰에서 비즈니스에 대한 정의를 이렇게 밝혔다.[24] 이 대표는 평소 금융이 너무 불편하다고 느꼈고, 주변 사람들도 마찬가지임을 알게 돼 그 불편을 해소하고자 토스를 출시하게 됐다는 것이다.

금융거래에서의 불편함을 해소하면서 믿을 수 있는 보안성을 유지한다면 금융소비자들이 열광할 것은 당연하다. 이제 토스는 간편 송금서비스에서 확장해 은행계좌 개설, 해외주식 투자, 부동산 및 펀드의 소액투자까지 제공하는 종합적인 금융플랫폼으로 성장하고 있다. 아직 토스를 사용해본 적이 없다면, 심지어 이름조차 들어본 적이 없다면 여러분은 긴장해야 한다. 4차 산업혁명 시대에는 기술변화가 어떻게 되는지 트렌드를 쫓아가는 것보다 실제로 그것을 응용한 비즈니스의 변화가 일어나는 현장을 놓치지 않는 게 중요하다. 그런데 토스를 들어본 적이 없다면 매우 중요한 현장의 변화조차 인지하지 못하고 있음을 깨달아야 한다.

토스의 이용자는 10~30대 청년층이 80퍼센트에 달한다. 토스는 전통적인 금융기관과는 대조적으로 미래고객과의 단단한 연결

한국 금융권에 의미 있는 변화를 일으킨 송금서비스 앱 토스

이 가능하다. 이 때문에 신한금융투자는 토스와의 제휴를 통해 종합자산관리계좌CMA를 개통하고 있으며 KEB하나은행 역시 토스를 통해 계좌개설을 시작했다. 미래고객과의 중요한 연결점을 확보하기 위함이다. 토스와의 제휴를 위해 다른 4대 시중은행도 줄을 서 있다 하니 금융권의 변화가 얼마나 빠른지 짐작할 수 있다.

월가에 대응하는 수수료제로 주식거래, 로빈후드

밀레니얼 세대가 고객층으로 대거 진입한 상황에서 기존의 사업방식을 전면 재검토해야 한다는 면에서는 금융산업도 예외가 아니다. 2014년 12월 미국 금융가에 등장한 증권거래 앱 로빈후드Robinhood가 인기를 끄는 이유도 생각해봐야 한다. 로빈후드는 유명

래퍼 스눕독Snoop Dogg과 제이지Jay Z로부터 투자를 유치할 만큼 벤처투자자들의 관심도 받고 있다. 일단 이름부터 남다르다. 로빈후드는 잘 알려진 대로 귀족의 재산을 빼앗아 가난한 사람을 도왔던 영국 중세시대 의적의 이름이다. 왜 이런 이름을 붙였을까.

공동창업자 겸 CEO 블라디미르 테네브Vladmir Tenev와 바이주 바트Baiju Bhatt는 30대 초반의 밀레니얼 세대다. 둘 다 스탠퍼드대학교에서 수학과 물리학을 전공했다. 두 사람의 경력이 시작된 것은 2011년 뉴욕이었다. 이들은 헤지펀드와 은행을 대상으로 고빈도매매 소프트웨어를 개발해 크로노스리서치Cronus Research라는 스타트업을 설립했다. 당시는 글로벌 금융위기 직후였는데 월가의 CEO들이 수백만 달러의 퇴직금을 챙겨 떠나는 모습에 '월가를 점령하라' 시위가 들불처럼 일어났다. 그들은 그 시위를 보고 사업을 접었다. 자동거래시스템으로 거래비용이 획기적으로 줄었지만 금융사들이 여전히 높은 수수료를 부과하고, 그것으로 많은 돈을 버는 모습에 회의를 느꼈던 것이 무료 주식거래 앱이라는 사업 아이디어를 얻게 된 계기였다. 75곳으로부터 투자를 거절당한 뒤 처음으로 구글벤처스에서 초기 투자자금을 받았다. 월가의 약탈적 수수료 부과에 저항하고 모든 사람을 위한 주식투자 앱을 만들겠다는 취지가 바로 로빈후드라는 이름에 담겼다.

로빈후드는 비트코인, 이더리움 등 가상화폐 거래를 수수료 없이 할 수 있으며 사용자의 절반 이상이 18~34세 밀레니얼 세대다. 2018년 8월 기준, 로빈후드의 주식거래 계정은 500만 개, 기업

가치는 약 56억 달러(6조 원)에 이른다. 로빈후드의 장점은 무료라는 것 외에도 계좌등록에 잔액이 필요하지 않은 점, 쇼핑하듯 편리하게 사고팔 수 있는 직관적인 유저인터페이스, 미국뿐 아니라 글로벌 주식투자도 무료로 가능한 점 등이다.

로빈후드는 기존 금융가에 큰 파장을 불러일으켰다. 찰스슈와브Charles Schwab 등 온라인증권사는 수수료를 8.95달러에서 4.95달러로 내렸다. 그런데 JP모건JP Morgan이 수수료 무료 주식거래 앱을 출시함으로써 새로운 국면으로 접어들었다. 이 소식으로 찰스슈와브와 이트레이드E-Trade Financial와 같은 온라인증권사의 주식이 곤두박질쳤다. 로빈후드의 영향은 미국뿐만 아니라 글로벌 금융시장으로 확산될 것이 분명해 보인다.

사회에 선한 영향력을 미치는 금융이 뜬다

금융권의 디지털화가 빠르게 진행된다는 것은 인공지능과 로봇의 역할이 커지는 것을 의미한다. 자산운용 및 투자금융사의 리서치기능이 인공지능과 빅데이터 분석으로 대체되고 있다는 뉴스도 계속 등장한다. 하지만 금융권의 리더들이 디지털화에만 집중할 경우 오히려 큰 것을 놓칠 수 있다. 금융의 주요한 기능이 비록 인간의 손을 떠난다고 해서 인간미까지 제외해서는 곤란하다. 세계적으로 임팩트금융(사회적 가치와 재무수익률을 동시에 추구하는 투자행위)의 역할이 커지고, ESG(Environment, Social, Governance의 줄임말. 환경, 사회적 책임, 기업 지배구조 등이 개선되는 방향으로 투자하는 것을 의미)투자 등의 흐름이 확대되고 있다.

가장 큰 움직임은 UN의 PRIPrinciples for Responsible Investment, 즉 책임투자 원칙을 들 수 있다. PRI는 환경에 이로운 방향, 노동자의 인권을 고려하고, 기업 지배구조의 개선에 관심을 가지는 투자가 정답이라고 강조한다. PRI는 전 세계 기관투자자들의 책임투자 흐름을 이끌고 있는 일종의 네트워크다. 지난 2006년 당시 유엔 사무총장이었던 코피 아난Kofi Annan이 주도해 이 원칙을 만들면서 UN이라는 이름이 붙었다. UN이 지원을 하는 책임투자 원칙UN-supported PRI의 개념으로 보면 된다. PRI가 제시하는 책임투자 원칙에 동의하고 이행을 약속한다면 서명을 하는데, 2018년 7월 기준 서명기관은 유럽 1094개, 북아메리카 498개, 오세아니아 158개, 아시아 144개 등 총 2035개 기관이다. PRI에 서명한 자산운용사 및 자산보유자 등의 자산운용금을 합하면 800조 달러, 전 세계 자산운용금의 3분의 2를 넘는다. 그만큼 세계적으로 ESG투자에 대한 인식이 높아지고, 실제 투자금도 확대되고 있음을 보여준다.

세계최대의 자산운용사 블랙록Black Rock의 창업자며 CEO인 래리 핑크Larry Fink는 자산규모와 금융시장에 대한 남다른 통찰력으로 제2의 워렌 버핏으로 불린다. 블랙록이 굴리는 돈은 2018년 8월 기준 6조 3000억 달러(약 7000조 원)에 이른다. 그의 말 한마디는 세계의 이목을 집중시킨다. 2018년 2월 전 세계 기업의 CEO들에게 보내는 편지에서 그는 "장기적이고 지속가능한 가치 창출에 더 많은 노력을 기울여야 한다"면서 "정부가 미래를 준비하는 데 실패하는 상황에서 기업에 대한 사회의 기대가 더욱 커지고 있고, 기업은 보다 넓은 사회적 책임을 져야 한다"고 밝혔다. 또한 "분기별 실적에 좌우되는 단기 실적주의에서 벗어나 장기적 가치를 추구하는 방향으로 기업이 움직여야 하며 단지 주주의 이익을 추구하는 것에서 벗어나 더 나은 사회로 나아가도록 기여해야 한다"고도 했다.

ESG투자를 확대하고 스튜어드십 코드[25]를 도입하는 등의 움직임이 세계적으로 확대되는 이유는 다음과 같다. 첫째, 금융위기를 겪으면서 기업과 금융의 탐욕에 대한 경계심이 크게 증가했다. 둘째, 환경, 사회적 책임, 지배구조 등의 근본적이며 장기적인 측면을 간과한 채 단기실적에 집중하는 것이 결코 지속가능하지 않다. 셋째, 세계경제의 저성장기조와 불평등심화 등으로 인해 밀레니얼 세대의 인식이 사회적 책임을 중요하게 생각하는 방향으로 형성됐다.

밀레니얼 세대는 돈을 버는 것 못지않게 사회적 책임을 중요하게 여긴다. ESG투자에 앞장서는 리치몬드글로벌벤처Richmond Global Ventures의 설립자 피터 켈너Peter Kellner는 "지난 10년간 지속가능한 투자가 크게 발전했다"면서 "앞으로 30년 동안 베이비붐 세대가 30조 달러를 X세대와 밀레니얼 세대에게 물려줄 것이다. 그런데 밀레니얼 중 84퍼센트가 ESG투자에 관심을 가진다"고 밝힌

바 있다. 착한 투자를 스마트한 방법으로 함으로써 수익률을 높이는 것이다.

갑질에 분노하는 만큼 착한 기업을 응원한다

중요한 것은 특정 브랜드나 제품의 진정성은 기업이 정하는 것이 아니라는 점이다. 기업이 진정성을 가졌느냐, 가지지 않았느냐는 고객이 판단하고 결정하는 것이다. 물론 기업이 적극적으로 진정성을 고객들에게 어필할 수 있다. 하지만 거기까지다. 기업이 아무리 진정성 있는 기업이라고 이야기할지라도, 고객이 그렇게 느끼지 않으면 그 기업은 진정성 있는 기업이라고 할 수 없다.[26]

최근 정규직, 비정규직 문제가 사회적 이슈가 되고, 특정 기업 오너일가의 갑질이 공분을 불러일으키는 사례가 여러 건 있었다. 이런 와중에 오히려 인터넷에서 '착한 기업'으로 칭찬받는 기업도 있었다. 갑질이 공분을 불러일으킬수록 착한 기업에 대한 열광은 더욱 커져갔다. 대표적인 회사는 식품회사 오뚜기다. 함영준 회장이 부친 함태호 명예회장으로부터 3500억 원을 상속받으면서 상속세 1500억 원을 5년 분납으로 성실하게 납부했다는 사실이 알려지면서 주목을 받았다. 특히 오뚜기는 지난 2015년 대형마트에서 근무하는 시식매대 사원 1800여 명을 정규직으로 고용했다. 아르바이트생이나 주부 비정규직이 대부분인 시식매대 사원의 정규직화는 유통계에서 희귀한 사례에 속한다. 또한 17년 동안 심장병 어린이 4633명의 수술비를 지원하고도 대외적인 홍보를 하지 않았고, 학생 800여 명에게 55억 원의 장학금을 지급했음이 알려지면서 오뚜기의 미담 발굴이 네티즌들의 놀이가 됐다. 예를 들어, 오뚜기 라면의 액상스프가 터져서 고객센터에 알렸더니 정중한 사과문과 함께 라면 한 박스가 배달됐다는 등의 경험이 소셜미디어를 타고 확산됐다.

젊은 세대는 오뚜기 미담을 발굴하고 공유하는 놀이를 자발적으로 시작했고, 오뚜기 제품을 적극 구매했다. 오뚜기는 '갓뚜기(God과 오뚜기의 합성어)'라는 별명까지 얻었다. 한동안 오뚜기의 미담이 널리 알려지면서 브랜드이미지가 좋아졌고 실제 매출액까지 상승했다. 오뚜기의 명성이 또다시 크게 상승한 것은 함 회장이 2017년 7월 청와대 상춘재에서 열린 기업인 '호프미팅'에 초대되면서다. 청와대는 경제발전을 위해 힘써달라는 의미에서 14대 기업 경영인들을 초청했는데, 재계 200위권 중견기업인 오뚜기의 함 회장도 이 자리에 함께한 것이다. 당시 문재인 대통령이 함 회장에게 "요즘 젊은 사람들이 오뚜기를 갓뚜기로 부른다지요"라고 말을 건넨 사실이 알려졌다. 오뚜기는 2016년, 2017년 연속 매출 2조 신화를 기록했고 2018년에도 전년대비 매출액과 영업이익, 시장점유율이 지속적으로 증가했다. 대학생 대상의 선호도조사에서도 함영준 회장이 1위를 기록하는 등 오뚜기는 높은 호감도를 확보하고 있다.

　LG그룹의 착한 기업 이미지 역시 고객이 자발적으로 홍보대사 및 마케팅 직원의 역할을 자처하도록 만들었다. LG그룹의 이미지는 오너일가의 윤리경영에 대한 노력과 겸손하고 소탈한 태도 덕분에 더욱 높아졌다. 2018년 5월 구본무 회장의 별세 이후 그의 겸손하고 배려심 높은 평소 생활태도가 다시 한번 조명되면서 미담의 발굴이 지속됐다. 경기도 곤지암에 위치한 화담숲을 방문했다가 허름한 작업복 차림으로 꽃을 가꾸는 구본무 회장을 만났다는 목격담, 연명치료를 거부하고 화장을 선택하며 소박하게 죽음을 준비한 이야기, 냉면집 단골이었던 구본무 회장이 다른 손님에게 폐를 끼칠까봐 단출하게 음식점에 왔었다는 이야기 등이 소셜미디어로 확산되면서 LG그룹의 이미지가 더욱 좋아졌다. 일부 네티즌은 오너일가의 군복무 비율이 매우 높은 점을 발굴해 소셜미디어에 공유하기도 했다.

　LG그룹은 재벌로서는 처음으로 지배구조를 개선하면서 지주회사 체제로 전환하는 등 모범적인 경영을 지향해 고객의 사랑을 받았다. 재벌총수 신뢰도에서 1위를 차지해왔던 구본무 회장의 뒤를 이어 구광모 회장도 1위를 하고 있다. LG그룹이 사회적 선행을 조용히 실천하며 이를 홍보에 활용하지 않는다는 점은 고객들로 하여금 대신 홍보를 해주고 싶게 했다. 앞서 예를 든 바와 같이 휴대전화나 노트북 등 LG전자의 각종 제품 사양이 경쟁사에 비해 높은 데도 불구하고 광고에서 내세우지 않자 네티즌들이

'LG마케팅 대신해드립니다'라며 자발적으로 나선 것이다. 그들은 소셜미디어에서 적극적으로 공유하고, '좋아요'를 누르면서 확대재생산했다.

재고 없는 생산을 위해 기꺼이 기다린다, 카카오메이커스

인내심이 부족한 밀레니얼 세대에게 '물건을 주문한 후 집으로 배달되기까지 길게는 3~4주를 기다려야 한다'는 것은 상상하기 힘든 일이다. 그런데 카카오메이커스의 고객들은 기꺼이 기다린다. 카카오메이커스는 '재고 없는 생산' '낭비 없는 소비'를 추구한다. '창의적인 아이디어와 기술을 가진 소규모 제조업자'가 최소주문 이상을 보장받고 생산을 시작할 수 있도록 '선주문 후생산' 방식을 제공한다. 최소주문량에 도달하기까지 1주 또는 2주 정도 걸린다.

"우리나라에는 창의적인 아이디어와 기술을 가진 분들이 많습니다. 그동안 돈을 빌려 공장을 짓고 대량생산한 뒤 복잡한 유통과정을 거쳐 제품을 판매해야 했기 때문에 한 번 실패하면 다시는 일어설 수 없는 경우가 많았습니다. 기존의 제조업체들도 정도의 차이만 있을 뿐 똑같이 겪는 어려움입니다."

홈페이지에서 밝히는 내용처럼 카카오메이커스에서 주문을 받는 제품들은 톡톡 튀는 아이디어가 넘친다. 환경을 생각하는 제조업자의 노력이 듬뿍 들어가 있거나 제조업자의 독특한 철학이 담겨 있는 제품들도 많다. 이런 영세 제조업자들의 어려움은 아무리 제품이 독특하고 좋아도 판매처나 유통채널을 확보하기 어렵다는 점이다. 자칫 열정적으로 시도했다가 재고만 잔뜩 안은 채 실패하기도 한다. 카카오메이커스의 직원들은 이런 제품들을 선보이기 위해 전국에 있는 메이커스(제조업자)들을 찾아다니고, 발굴한다. 카카오메이커스의 모든 제품 소개에는 풍부한 이야기가 담겨 있다. 생산자의 철학, 스토리, 제품을 만들게 된 계기, 그리고 제품에 대한 애정 어린 소개까지.

카카오메이커스 홈페이지에 들어가면 제품 설명이 눈에 띈다. 한 제품에 대해 몇 페이지에 걸친 꼼꼼하고 정성스러운, 그리고 감각적인 소개가 이어진다. 예를 들면 이렇다. "잃어버린 시간을 찾는 할머니와의 티타임, 라익썸"이라는 제목과 함께 제조업자에 대한 스토리가 흥미롭게 전개된다. 옷집을 하던 김현지 대표가 바쁜 가운데 한숨 돌리기 위해 차를 마시다 예전 할머니와 함께 마시던 기억을 떠올리고, 그후 차에 대한 열정이 타올라 대학에서 차문화경영학까지 전공하게 된 이야기다. 김 대표가 직접 개발한 비율로 블렌딩한 홍차 잎을 가지고 우려낸 밀크티는 카카오메이커스를 통해 소개되어 고객의 큰 호응을 받았고, 제주도에서 카페를 경영하고 싶다는 꿈도 이루었다고 한다.

그 외 환절기 집중보습에 도움이 된다는 유기농 재료로 만든 스틱밤, 한방 약재를 넣어 만든 엿, 수분을 지키면서도 맛있게 조리되는 전자레인지 요리용 매직컵, 물소금 스프레이, 미백과 보습까지 챙기면서 방부제 등 인공첨가물을 일절 사용하지 않고 제조한 고급천연비누와 막걸리효모비누 등 아이디어 제품들을 선보이고 있다. 고객들의 후기는 다른 곳보다 열정적이다. 클레어 냉장고 탈취기에는 3677개, 동안 얼굴 안티링클 앰플에는 1500여개, 독도수면팩을 소개하는 난에는 구매후기가 520개 등 구매후기의 내용이 길고 충실하다. 구매후기는 재구매 또는 신규구매 고객이 참고하는 데 도움이 된다. 카카오의 사회적 책임을 위해 시작한 카카오메이커스는 홍은택 대표와 밀레니얼 세대 직원들의 진정성 있는 메이커스 발굴과 브랜딩 스토리에 힘입어 카카오의 커머스 분야를 이끌어가는 역할을 하게 될 듯하다.

디지털시대, 진정성이 기술을 이긴다

세계적인 경영학자 필립 코틀러Phillip Kotler는 자신의 책《마켓 3.0》에서 "기업의 성공은 진정성 있는 가치를 제공한다는 믿음을 소비자에게 주어야 이뤄진다"고 주장했다. 코틀러에 따르면 1.0시장은 소비자들의 이성을 겨냥했던 시대로 품질, 기술 등의 제품력으로 경쟁제품을 이기려 했다. 2.0시장에서는 소비자들의 감성을 겨

냉했고 세련된 디자인이나 높은 서비스로 경쟁제품을 이기려 했다. 하지만 디지털시대에는 오히려 영혼을 담은 가치라는 모호하지만 고차원적인 개념이 중요하다. 이미 기술이나 디자인으로 차별성을 보여주는 것이 어려워졌기 때문이라는 설명이다. 진정성을 담은 가치를 보여줄 수 있는 기업만이 소비자들을 감동시킬 수 있다는 것이다. 이런 흐름은 다름 아닌 신세대가 주도한다. 이들은 디지털기술을 한껏 이용하는 첨단에 서 있으면서 동시에 진정성을 추구하며 아날로그적 가치를 중시한다.

디지털이 아날로그의 종말을 예고한 것 같지만 사실은 그렇지 않다. 사람들의 감성을 터치하는 것은 아날로그다. 그리고 디지털을 이용해 아날로그를 더욱 잘 구현하는 '디지로그(디지털과 아날로그의 합성어)'도 하나의 흐름이 되고 있다. 디지털시대의 산업의 변화는 매우 빠르고 기술이 모든 것을 변화시키는 것 같지만, 본질을 들여다보면 인간에 대한 이해와 애정이 기반될 때야 비로소 성공이 가능하다. 따라서 디지털기술을 도입하더라도 인간에 초점을 맞춰야 하고, 디지털기술을 완전히 숨기고 아날로그에 더 집중하더라도 인간에 대한 근본적인 이해와 애정이 있어야 한다. 성공하는 기업은 플랫폼과 디지털기술을 활용해도 오히려 인간의 감성과 진정성에 더욱 집중한다.

《아날로그의 반격》에서 데이비드 색스David Sax가 밝혔듯 "아날로그의 부활을 가능하게 한 것은 아이러니하게도 디지털"이다. 그는 "디지털기술이 기가 막히게 좋아졌기에 아날로그의 가치가 더 부각됐다”면서 “디지털에 둘러싸인 우리는 좀 더 촉각적이고, 인간 중심적인 경험을 갈망하고 모든 감각을 동원해 제품이나 서비스와 소통하기를 원한다”고 설명했다. 디지털이 더 싸고, 더 효율적이며, 더 확실함에도 불구하고 진짜가 주는 즐거움을 주지 못한다는 것이다. 때문에 디지털의 발전이 오히려 ‘진짜’, ‘인간적인’, ‘진정성’의 가치를 더욱 뚜렷하게 부각시킨다.

디지털로의 전환이 늦어서 큰 어려움을 겪었으나 지금 디지로그에 집중함으로써 부활의 기회로 삼은 소니를 보자. 오리모토 오사무 소니코리아 전前 대표[27]는 언론 인터뷰에서 복제가 쉬운 디지털시대엔 오히려 누구도 베낄 수 없는 아날로그 기술이 중요하다고 강조했다. 그는 과거 일본이 메모리반도체 시장을 평정했다가 쇠퇴의 길을 걷고 있는 과정을 통해 한국도 반면교사反面教師로 삼을 필요가 있냐는 질문에 “그렇다”고 답했다. 그는 1981년 소니에 반도체 연구개발R&D직으로 입사한 이후 영업과 마케팅 관련 업무를 20년 가까이 한 경험을 갖고 있다.

그는 “디지털시대 이후 수많은 아시아 기업들이 손쉽게 반도체 경쟁에 뛰어들 수 있는 환경이 만들어졌고, 자본력에 따라 서구에서 일본으로 다시 한국, 중국으로 패러다임이 넘어가는 흐름을 바꾸기 어렵다”며 “소니가 삼성전자도 뛰어든 이미지센서 분야에서 1위를 지킬 수 있었던 힘은 우리 제품이 50년의 역사를 지닌 아날로그 기술에서 유래했기 때문”이라고 말했다.

가치관이 맞아야 일도 잘된다

밀레니얼 세대 직장인은 타이틀이나 외양을 중시하지 않는다. 과거에 중요했던 조직도, 직위, 보고체계 등에 대해 관심이 없고, 더구나 수직적으로 작동하는 문화에 대해 인정하지 않는다. 이전 세대가 조직의 사다리를 한 단계씩 밟고 올라가면서 기쁨을 느끼고, 후배나 부하가 생기면서 권위가 부여되는 것을 즐겼다면 지금은 전혀 다르다.

밀레니얼 세대는 돈에 대한 관심이 많다. 돈을 잘 벌고 싶어 하고, 돈을 잘 쓴다. 하지만 직장에서 돈을 많이 주는 것이 그들에 대한 가장 큰 동기부여라고 생각한다면 오산이다. 밀레니얼 세대는 자신이 하는 일에 대해 인정받고 칭찬받기를 원하며, 일하기 좋은 분위기를 중시한다. 위민즈베스트Women's Best를 창업한 데이비드 커즈만David Kurzmann에 따르면, 회사와 연결되어 있다고 느끼는 밀레니얼 직원은 그렇지 못한 밀레니얼 직원보다 동기부여가 더 되고, 이직률도 낮은 것으로 밝혀졌다. 과연 회사와 연결된 느낌을 어떻게 갖게 할 수 있을까.

스타트업의 채용공고는 밀레니얼 세대에게 어떻게 다가가야 하는지를 보여준다. 스타트업들은 자신들이 원하는 인재상을 구체적으로 제시한다. 동시에 어떤 직무를 수행해야 하는지도 상세하게 설명함으로써 확실한 기준을 제시한다. 디지털엔터테인먼트사인 샌드박스네트워크의 채용공고는 직무를 이렇게 설명한다.

샌드박스 크리에이터 파트너십 매니저가 풀어야 할 문제는
다음과 같습니다.

- 어떻게 하면 크리에이터들이 디지털 인플루언서로 성장
  할 수 있을까요?
- 한국 YouTube 시장에서 개척되지 않은 Blue Ocean은 어디
  일까요?
- 어떻게 하면 회사와 크리에이터가 WinWin 파트너십 관계
  를 구축할 수 있을까요?
- 레거시 미디어 콘텐츠와 MCN 콘텐츠의 Valuation 차이를
  어떻게 하면 극복할 수 있을까요?
- 크리에이터들이 대중문화의 주류로 성장할 수 있게 하는
  시도들은 어떤 것들이 있을까요?

유료 독서클럽으로 지식에 목마르고 독서를 좋아하는 신세대
의 커뮤니티로 성장 중인 스타트업 트레바리는 채용공고 중 원하
는 인재상을 이렇게 표현했다.

트레바리의 모든 크루들은 한 몸처럼 일합니다. 훌륭한 개
인이 아닌 훌륭한 동료를 찾습니다. 사소한 부족함에도 마음이
쓰이는 분이어야 합니다. 더 나아질 여지가 있는 일에 쉽게 관대
해지지 않는 분을 찾습니다. 바닥에 떨어진 휴지가 보이면 먼저
주울 수 있는 분이어야 합니다. '이건 제 일이 아닌데요'는 트레

바리에서는 바라지 않는 말입니다.

우리가 하는 일은 생각보다 매우 평범할 수 있습니다. 그러나 우리는 그런 일들을 쌓아서 거대한 변화를 만들고 싶습니다. 회사 그리고 고객을 위해서 우리가 하는 모든 평범한 일들이 절대 '하찮은 일'이 아니라고 생각하실 분들과 함께하고 싶습니다.

밀레니얼 세대는 자신이 다니는 회사의 사명에 대해 관심을 갖는다. 한 연구에 따르면 조사대상의 84퍼센트가 직업적 인정보다 세상을 바꾸는 중요한 일을 하는 데 관심이 있었다. 따라서 의미를 찾으며 일할 수 있는 직장 분위기를 만드는 것은 중요하다. 밀레니얼 세대는 단지 자신의 행복 그 이상을 추구하고 싶어 한다. 따라서 여러분의 조직과 구성원이 사회에 어떻게 도움이 될 수 있는지 생각해봐야 한다.

밀레니얼 세대는 발달된 기술로 세상과 깊이 연결돼 있으며 특히 개발도상국가 문제에 대해 마치 커뮤니티 이웃의 문제처럼 느낀다. 이들은 인권, 사회정의, 환경 등의 문제에 매우 열정적으로 참여하려는 경향이 있으며 자신들과 함께 느끼는 리더에 대해 많은 공감과 감사를 드러낸다. 팀이나 조직의 핵심역량과 관련된 프로젝트를 고려했을 때 그들이 최대한 참여해서 기여할 수 있도록 하는 것이 매우 중요하다. 스타트업 채용공고에는 '원하는 인재상' 외에도 회사의 가치, 비전, 미션 등을 제시함으로써 밀레니얼 세대의 선한 영향력을 자극한다.

트레바리는 '더 나은 우리'를 위한 독서모임 기반 커뮤니티 서비스를 제공하는 회사입니다. 우리는 부족한 성인교육 기회, 그리고 '지금의 나'를 나눌 수 있는 공동체의 부재에 관심이 많습니다. 그리고 우리의 서비스가 이러한 문제를 해결할 수 있는 하나의 해결책이라고 생각합니다. '세상을 더 지적으로, 사람들을 더 친하게'라는 트레바리의 비전을 실현시키기 위해 트레바리는 오늘도 열심히 일하고 있습니다.

　　- 트레바리의 채용공고 중에서

채용공고에서 회사의 비전과 미션에 대해, 추구하는 목표와 가치관에 대해 명확하게 밝히면 밝힐수록 그들이 원하는 인재들이 지원할 가능성이 높아진다. 밀레니얼 세대가 자신의 가치관이나 주관이 지원할 회사와 잘 맞는지 확인할 수 있는 근거들이기 때문이다. 게다가 더부스의 상세업무와 필요요건은 재미있기까지 하다.

'주류영업' 하면 어떤 게 떠오르시나요, 아마도 매일매일 술로 시작해서 술로 끝나는 알코올향 가득한 삶을 생각하실지도 모르겠습니다. 하지만 더부스 콜드체인에게 술은 단순히 마시고 취하는 알코올성 음료를 넘어, 저마다의 맛과 향, 그리고 스토리를 가지고 있는 '문화적 아이템'입니다. 술을 바라보는 관점이 이렇게 바뀌었을 때, 영업의 환경과 그것에 임하는 사람들의 태도에도 변화가 생길 수밖에 없습니다. '엄마도 걱정하지 않을 만큼' 쿨한 방향으로 말이죠.

매일 어두컴컴한 술집만 드나든다?

성수동 핫플레이스 대림창고, 미슐랭 원스타 레스토랑 진진, 수요미식회 맛집 육전식당, 프리미엄시네마 메가박스 부티크M. 모두 더부스 콜드체인이 맥주를 납품·관리하고 있는 곳입니다. 더부스 콜드체인은 주문이 들어오는 대로만 납품하고, 무작정 맥주를 들이미는 영업을 하지 않습니다. 크래프트비어와 잘 어우러질 수 있는 맛있는 음식, 멋진 문화가 있는 곳을 찾아 최대의 시너지를 창출해내는 것이 더부스 콜드체인의 일입니다.

'왜'를 설명하면 동기부여는 따라온다

"사람들이 주인의식을 갖고 일하지 못하는 이유는 내가 어떻게 의사결정을 하고 어떤 방향으로 움직이는 게 회사 전체의 목표를 달성하는 데 도움이 되는지 모르기 때문인 거거든요. 최고수준의 자율성은 최고 수준의 정보공유에서 나온다고 생각해요. 인간은 누구나 일하기를 즐거워한다고 생각해요. 일하는 것을 좋아하고 열심히 일하는 데 있어서의 장애물만 걷어내면 너무 일을 열심히 해서 몸을 망치기도 한다고 생각해요. 그래서 우리는 우리가 왜 이 일을 해야 하는지, 이 일이 왜 중요한지 충분히

공감시키고, 동기부여를 충분히 할 수 있을 때 일은 저절로 된다
고 생각해요."[28]

　　토스의 이승건 대표는 구성원들이 행복하게 일하는 조직문
화를 만들기 위해 노력했다. 특히 정보공유를 통해 조직구성원들
이 주인의식을 갖도록 했다. 회사에 현금이 얼마나 있는지, 매출
액 추이는 어떻게 되는지, 1인당 카드 사용비가 어떻게 변하고 있
는지 등부터 회사의 상황, 목표달성 현황까지 실시간으로 모두 공
개하자 모든 조직구성원들은 무엇을 더 열심히 노력해야 하는지
자연스럽게 알고 행동하게 됐다. 이 과정에서 이 대표는 고통스럽
게 혁신적인 조직구조와 문화를 찾아낸 결과, 가장 이상적인 조직
은 '단단하게 정렬되고 느슨하게 결합된tightly aligned, loosely coupled' 애
자일agile 조직[29]이라는 점을 깨달았다. 이런 조직문화를 형성하고,
잘 작동하도록 만들기 위해서는 매우 많은 노력과 시간이 필요했
다고 이 대표는 밝히고 있다. 밀레니얼 세대와 일하는 법을 고민하
는 CEO라면 업종, 기업 규모와 상관없이 스타트업으로부터 배울
점이 많다. 조직 구성원의 대부분이 밀레니얼 세대이며, 그들과
함께 일하지 못한다면 생존을 담보할 수 없는 것이 스타트업의 특
성이기 때문이다. 성공한 스타트업의 일하는 방식, 조직문화 등을
잘 살펴본다면 많은 아이디어를 얻을 수 있을 것이다.

밀레니얼 세대 고객들은 제품이 무한대로 넘쳐나는 시장에서 자신을 진심으로 이해하고 관심을 가져주는 기업에 대해서 반응한다. 그리고 그 느낌을 친구, 가족과 공유하고 연결한다. 함께 좋아한다고 여기면 연대감으로 이어진다. 따라서 밀레니얼 세대 고객에게 기분 좋은 경험을 제공하면 긍정적인 반응이 자연스럽게 확산되는 효과를 볼 수 있다.

밀레니얼 세대의 특징에서도 살펴보았듯 **그들은 친구, 가족 등 좋아하는 사람들과 연결되고, 행복감으로 이어지기를 원한다.** 진정성이 있다고 생각하는 제품이나 서비스를 친구나 가족에게 적극적으로 추천하고 공유한다. 좋아하는 제품을 공유하면서 좋아하는 사람과 느끼는 유대감은 소셜미디어 시대의 핵심적 정서다. 싱싱한 딸기를 듬뿍 넣어 만든 '진정성 딸기밀크티'는 이름 그대로 진정성이 가득 느껴지는 브랜드다. 이 메뉴가 인스타그램과 페이스북을 타고 공유되면서 '카페 진정성'은 가장 인기 있는 밀크티브랜드로 부상했다.

밀레니얼 세대는 또한 온라인 세상에서 많은 시간을 보내지만 동시에 진짜로 느끼는 것을 중요하게 여긴다. **자신과 친구, 가족, 커뮤니티와 함께 경험하면서 행복감을 느낀다. 경험은 진짜이기 때문이다.** 예를 들면 라이브공연 관람에 대한 수요가 크게 늘어났다. 이 외에도 놀이공원 방문, 멋진 레스토랑에서의 식사, 여행 등 경험과 관련한 서비스에 대한 지출이 일반제품에 대한 지출보다 4배 빠르게 성장하고 있다.

맥킨지의 소비자조사에 따르면 밀레니얼들은 다른 세대보다 더욱 경험에 대한 가치를 높게 보았다. 그들은 다른 세대보다 멤버십을 더 많이 가지고 있어서 '구독 세대'라는 별명도 있다. 피트니스센터나 커뮤니티 멤버십 등은 소유가 아니라 경험에 방점이 찍힌다. PwC에 따르면 2016년 전 세계적으로 라이브음악 매출은 260억 달러로 크게 성장했는데 바로 커뮤니티, 경험이 키워드라 할 수 있다. 따라서 밀레니얼 세대, 그리고 그 이후 세대에 이르기까지 젊은 세대에게 소셜미디어에서의 '좋아요' 등은 사회적 화폐 social currency라고 할 수 있다.

친구와 가족과의 공유되는 경험은 단지 제품을 사는 것보다 훨씬 오래가면서 내면적인 행복감으로 연결된다는 연구결과가 있다. 최근 미국 코넬대학교에서 발표한 연구결과에 따르면, 물질적 제품에 대한 만족도는 시간이 갈수록 낮아지지만 경험재에 대한 만족도는 오히려 올라가는 경향이 있다. 경험은 긍정적 재강화를 가능하게 한다. 그리고 개인의 정체성에 더 의미 있는 부분을 차지하며, 사회적 관계를 강화한다. 소셜미디어에서 '좋아요'를 받으려면 더 많은 경험이 필요하다. 심지어 실패한 경험도 공유할 만한 좋은 이야기를 제공한다. 행복해서 공유하는 것이 아니라 공유해서 행복해지는 현상도 더 흔해졌다. 예를 들면 멋진 풍경을 보고 행복한 나머지 사진을 찍어 공유하는 것이 아니라 인증사진을 찍기 위해 어떤 풍경을 보러 가는 것이다. 여행을 가서 즐겁고 의미 있는 순간을 즐기기 위해 사진을 찍는지, 인증사진을 찍으러 여행을 가는지 헷갈릴 정도다.

조직구성원으로서의 밀레니얼 세대를 예전 방식대로 동기부여하려 한다면 그들은 좌절한다. '시키는 대로 하라'고 말하는 리더는 밀레니얼 세대로부터 꼰대라는 비아냥을 들을 수밖에 없다. **밀레니얼 세대가 역량을 발휘하고, 동기가 부여되게 하려면 그들이 중요하게 생각하는 게 무엇인지, 그들의 가슴을 뛰게 하는 것이 무엇인지 이해해야 한다. 또한 그들에게 자주 '왜'를 이야기해주어야 한다. 밀레니얼 세대는 임팩트에 반응한다.** 그들은 가치 있는 미션이 있는 기업에서 일한다는 느낌을 받기 원한다. **자신이 하고 있는 일에 중요한 이유가 있다고 느끼고 싶어 한다.** 리더가 그들에게 회사의 미션, 그것이 사회에 얼마나 좋은 영향을 미치는지를 설명한다면 그들의 소속감은 강해진다. 단 '왜'를 설득력 있게 설명할 수 없다면 오히려 부작용을 일으킬 수 있다.

밀레니얼 세대에게 설명하기 위해서는 선배 또는 상사들이 먼저 '왜'를 알아야 한다. 과거부터 해왔기에 해야 한다는 설명은 차라리 안 하는 것이 낫다. 그러므로 업무전반을 먼저 진단해보는 것이 필요하다. 혹시 '필요 없는 일을 하고 있는 것은 아닌지?', '다른 방법으로 더 효율적으로 할 수 있는 것은 아닌지?' 등의 질문을 하면서 점검하는 것은 업무를 새롭게 구조조정하는 좋은 기회가 될 수 있다. 이런 질문을 던져서 합당한 이유를 찾는다면 그 업무는 정말 중요한 가치가 있다고 판단할 수 있다.

밀레니얼 세대에게는 처음부터 설명하는 것이 좋다. **채용단계에서 지원자에게 회사에서 요구하는 바, 그들의 역할 등을 구체적으로 현실성 있게 알려주고 최대한 서로 맞춰보는 것이 좋다.** 앞에서 제시한 스타트업의 채용공고를 참고하자. 직장에 대해 높은 기대치를 갖고 입사하는 새내기들은 금방 실망한다. 입사 3년 이내에 떠나는 직장인 비율이 높은 것은 바로 높은 기대치 때문이다. 게다가 이 세대는 대학생활에서 이미 봉사활동, 해외연수, 인턴 등 각종 활동을 하면서 다양하고 재미있는 경험을 많이 했다. 그래서 직장생활을 시작하자마자 실망하고 회사를 떠날 확률이 높다. 채용단계에서 자신이 일할 조직과 직무에 대해 현실적인 그림을 그리게 되면 조직에 적응할 가능성이 높아진다.

규모가 크고, 역사가 오래된 대기업에서 스타트업의 조직문화나 인사정책 등을 무작정 도입하는 것이 바람직하다는 뜻은 아니다. 하지만 성공한 스타트업의 방식이 밀레니얼 세대 인재들에게 매력적이라는 점은 분명하다. 대기업의 리더들은 최근 취업준비생들의 기업선호도 변화를 잘 이해해야 한다. 지금 그들이 일하고 싶어 하는 곳은 예전처럼 무조건 대기업, 또는 월급 많이 주는 기업이 아니다. 일과 삶의 균형을 추구하게 해주는 기업을 더욱 중요하게 생각하는 인재들이 점점 늘고 있다. 그들은 일하는 과정에서 자신을 동등하게 대우하고, 존중하며, 피드백을 구체적으로 해주는 조직문화를 더욱 중요하게 여긴다. 이 흐름은 빠르게 진행 중이다.

4 ———————— 재미와 의미,
어느 것도 놓칠 수 없다

게임이 밥 먹여주나, 쯧쯧

중견기업 전무 김재철 씨는 새벽 6시에 집을 나선다. 어젯밤에 있었던 일로 마음이 무겁다. 고객접대를 끝내고 집에 들어갔는데 취업준비를 하는 큰아들이 게임동영상을 보고 희희낙락하는 모습을 보고 자신도 모르게 버럭 했기 때문이다. 아들이 게임하는 모습도 보기 언짢은데, 어떤 젊은 이가 게임하면서 소리를 지르며 낄낄대는 동영상을 보고 있으니 더 견디기 힘들었다. 하루 이틀도 아니고 허구한 날 저러고 있으니 정말 기가 막힐 노릇이다. 그는 결국 아들에게 본인이 게임하는 것도 아니고, 남이 게임하는 걸 보는 게 뭐가 좋냐고 화를 냈다. 그러는 시간에 책이라도 한 자 더 보라고 큰소리를 냈다. 사실 김 전무 입장에서는 참다 참다가 한마디 한 것이다.

반성하면서 "잘못했다"고 할 줄 알았던 아들의 반응이 더 가관이었다. 어릴 때 게임에 빠져 지내던 아들은 아빠가 야단치면 그래도 기죽은 목소리로 "네, 알았어요. 아빠, 잘못했어요"라고 대답하곤 했다. 그런데 어젯밤에는 아들이 고개를 빳빳하게 들고 "아빠, 이제 더 이상 게임하는 것 가지고 말씀하지 마세요. 제가 알아서 할게요"라고 대꾸하는 게 아닌가. "아니, 네가 게임하는 것까지는 봐주겠는데…. 남이 게임하는 걸 보는 건 또 뭐야. 시간낭비도 그런 시간낭비가 없어. 게다가 왜 이렇게 욕도 많고 시끄럽냐"라면서 그동안 쌓였던 울분을 터뜨렸다. 그랬더니 "아빠도 축구를 직접 하는 게 아니라 남이 하는 축구를 보잖아요. 재미있다면서요"라고 대들었다. 뭐라고 대꾸를 해야 할지 막막했다. 결국 "게임이 밥 먹여주냐" 하고 돌아섰다. 하지만 아침에 생각해보니 공연히 아들과 감정만 상했다는 생각이 들어 앞으로는 아무 말도 하지 말아야겠다고 다짐한다.

요즘 이해가 안 가는 게 한둘이 아니지만 가장 이해가 안 가는 현상은 방탄소년단(이하 'BTS') 신드롬이다. 뉴스에서 "한국의 보이그룹 BTS가 빌보드차트 200에서 두 번째 1위를 차지했다"는 소식을 접했다. 한국의 청년들이, 한국말로 부르는 노래가 전 세계 팬들의 열광적인 호응을 불러일으킬 뿐만 아니라 빌보드차트 1위를 차지하다니. 그것도 한 번이 아니라 두 번씩이나. 빌보드차트는 고교시절, 대학시절 그 유명한 스타들의 이름이 오르내리던 꿈의 차트 아니던가. 감히 넘볼 수 없다고 생각했던, 하늘의 별처럼 아득한 스타들의 이름. 비틀즈, 퀸, 비지스, 엘튼 존, 마이클 잭슨, 다이애나 로스, 올리비아 뉴튼 존…. 팝송을 유난히 좋아했던 그가 지금도 이름을 줄줄이 읊을 수 있는 그 스타들이 등장했던 차트에서 1위를 차지하다니 정말 자랑스럽다. 하지만 어떻게 그럴 수 있는지 사실 이해하기는 어렵다. 며칠 후 조찬모임의 강연주제가 'BTS의 성공요인을 통해 본 경영적 시사점'이라고 하니 꼭 참석해서 들어야겠다고 결심한다.

회사의 젊은 사원들과 점심을 하는 자리에서 BTS 이야기가 나와서 신기하다고 말하자 누군가 게임캐릭터로 구성된 걸그룹도 있다고 말했다. 그러자 봇물 터지듯 사원들이 저마다 말하기 시작했다. 정말 신기하게도 그동안 밥을 사줘도 거의 한마디도 안 하던 신입들이 입을 여는 것이었다. 심지어 얼굴에 생기를 띠고 웃음까지 머금어가면서 게임과 캐릭터 이야기를 했다. 아리, 이블린, 카이사, 아칼리. 걸그룹 캐릭터의 이름이란다. 그런데 다들 자기만의 스토리를 가지고 있단다.

게임 캐릭터? 리그오브레전드? 롤? 세계관? 김 전무가 못 믿겠다는 표정으로 앉아 있자 한 남자 신입사원이 벌떡 일어나서 자기 스마트폰을 열더니 동영상을 보여주었다. K/DA라는 걸그룹이 부른 〈팝스타〉라는 노래인데 롤드컵(롤LoL 게임으로 겨루는 월드컵이라는 의미) 오픈 세리머니에서 처음 데뷔했다고 옆에서 친절하게 설명해준다. 캐릭터로 구성된 걸그룹이지만 노래는 실제 가수가 했다고 한다. 노래를 부른 사람은 미국의 가수 2명, 한국의 가수 2명이란다. 개막식 공연은 캐릭터 4명, 실제 가수 4명이 합동으로 했단다. 캐릭터 4명은 증강현실AR로 현장에서 구현됐다. 동영상을 들여다보니 놀랍게도 사람과 캐릭터가 구별이 안 될 정도로 현실적이었다. 데뷔하자마자 4일 동안 뮤직비디오 조회수가 2000만 회를 돌파했고, 그 캐릭터의 의상을 2만 원에 팔고 있는데 큰 호응을 얻고 있다는 것이다. 어리둥절해서 관련 기사를 찾아 들여다보고 있는데 옆에서 다른 신세대 사원이 기사의 한 구절을 읽는다. "늙지도 않는다. 지치지도 않는다. 유지비도 안 든다." 가상현실 아이돌에 대해 어느 음악평론가가 한 말이란다. 게임산업과 음악산업의 융합이라면서 앞으로의 가능성이 무궁무진하다는 평도 곁들였다. 사무실로 돌아오면서 김 전무는 혼자 생각해본다. '요즘 젊은 남자애들은 게임 때문에 큰일이야….'

밀레니얼 세대에게는 일도 놀이처럼 즐거워야 한다. 미국의 잘나가는 IT기업들, 즉 마이크로소프트, 구글, 페이스북 등의 기업은 사옥을 캠퍼스라고 부른다. 2017년 미국 캘리포니아주 쿠퍼티노에 완공된 애플의 사옥이나 시애틀에 위치한 아마존의 사옥 역시 우리의 상상을 초월할 정도로 아름답고, 휴식공간 및 운동시설 등을 완벽하게 갖추고 있다. 창의력을 발휘해야 하는 업종에서 일과 즐거움 사이에 명확한 경계를 짓는 것은 어리석은 일처럼 보인다. 전통적 관념에서 일과 쉬는 시간, 일과 놀이는 명료하게 구분됐지만 이제는 더 이상 그렇지 않다.

소비자로서 디지털네이티브는 의미만큼 재미도 추구한다. 상품의 본래 기능을 넘어서 실제의 사용경험을 중요하게 생각한다. 그들은 액세서리 옵션이 많고, 터치하는 기능이 있는 제품을 갖고 놀면서 재미있어한다. 특히 이런 현상은 젊은 남성들 사이에서 더욱 두드러진다. 쉽게 싫증을 잘 내지만 첨단기기를 갖고 노는 것을 매우 좋아한다. 이들은 인터넷에서 즐길 거리를 찾는 데 익숙하다. 10대 중 81퍼센트는 온라인게임을 즐기고 있다.[30]

밀레니얼 세대는 재미를 즐길 때 살짝 비틀어서 즐기는 경향도 있다. 예를 들면 소셜미디어를 통해 B급정서, 또는 병맛이라고 불리는 키치[31]적 광고나 동영상이 화제가 되기도 한다. 신한생명 등 다양한 기업으로부터 광고동영상 의뢰를 받는 장쀼쮸는 '병맛 더빙'으로 유명하다. 유튜브 크리에이터로 구독자수만 127만 명에 이르는 장쀼쮸는 〈우뢰매〉 등 옛날 만화동영상에서 소리를 다 날리고 자신의 목소리로 더빙하는 '병맛더빙'으로 인기를 끌고 있다. 밀레니얼 세대 직장인들의 솔직한 심정을 담은 '급식생' 시리즈는 폭발적인 호응을 얻었고 누적 조회수 3억 3000만 회를 넘기는 데 크게 기여했다. 장쀼쮸가 기업의 의뢰를 받아 제작하는 광고 동영상은 가볍게 100만 개 이상의 조회수를 기록한다. 최근 방송인 유병재가 진행하는 B급토크쇼 〈B의 농담〉이 선풍적인 인기를 얻고 있고, 데뷔 초부터 B급이미지를 고수하는 가수 노라조 역시 다시 주목받고 있다. 이전에는 소수만이 즐기며 비주류로 취급되던 B급문화가 오히려 대중을 사로잡으며 주류가 된 모양새다. 이에 외식 및 유통업계에서도 B급정서를 표방한 마케팅을 선보이며 젊은 층 공략에 나섰다.

이색 분식전문점, 청년다방은 코믹한 복고풍 콘셉트로 별다른 홍보 없이도 고객들에게 강렬한 인상을 남긴다. 궁서체로 '다방'이라고 쓴 간판은 1960년대 길거리를 연상케 하고, '인생은 짧고 떡볶이는 길고', '명품떡볶이 루이비떡'과 같이 재치 있는 상품명도 인기다. 식음료업체 푸르밀은 2018년 봄 시즌제품으로 '밀크티에 딸기를 넣어봄'과 '밀크티에 초코를 넣어봄'을 출시했다. 온라인에서는 '정말 정직한 이름이다', '편의점에서 보고 크게 웃었다'는 반응들이 있었고 이에 힘입어 여름 한정판으로 '이번에는 커피에 녹차를 넣어봄'을 출시했다.

백화점이 문 닫고 파티를 여는 이유

미국 뉴욕 맨해튼에 위치한 고급백화점 바니스뉴욕Barney's Newyork은 급격하게 추락하는 매출로 위기에 몰렸다. 백화점의 매출이 하락하는 것은 세계적인 추세다. 가장 큰 요인은 같은 제품을 더 싸게 판매하는 온라인쇼핑몰과 경쟁이 불가능하기 때문이다. 특히 밀레니얼 세대는 백화점에서 자신이 원하는 스타일을 입어보고, 집으로 돌아가 온라인쇼핑몰에서 그 제품을 구매하는 것을 당연하게 여긴다.

바니스뉴욕은 온라인쇼핑몰에서는 할 수 없는 특별한 서비스를 기획했다. 아이디어는 스트리트패션 브랜드인 수프림에서 얻었다. 수프림은 앞에서 설명한 대로 밀레니얼 세대의 열광적인 인기를 얻고 있다. 수프림은 종종 한정된 수량의 제품을 만들어 매장에서만 판매하는 '드롭drop 시스템'을 실행하는데, 이 때문에 수프림 고객들은 매장 앞에서 텐트를 치고 노숙하면서 줄을 선다. 2017년 10월부터 바니스뉴욕은 더드롭앳바니스(TheDrop@Barneys)라는 행사를 시작했다. 1년 중 며칠간 백화점 매장을 완전히 비워 클럽으로 변신시킨다. 젊은이들이 가장 좋아하는 콘셉트로 파티를 여는 것이다. 이때 드롭 행사를 함께한다. 힙합 가수와 DJ가 화려한 음악을 들려주고, 유명 타투이스트들이 문신과 피어싱을 해주며, 고객들은 피자를 들고 춤을 추며 파티를 즐긴다. 밀레니얼 세대의 우상인 문화예술계 유명인사, 디자이너들을 초청해 사인회를 열기도 한다. 뉴발란스New Balance, 리복Reebok, 휠라FILA 등 각종 패션브랜드는 이 행사를 위해 한정판 제품을 만든다. 스니커즈브랜드 컨버스Converse와 스웨어Swear는 당일 행사장에서 고객이 제품을 사면 그들이 원하는 문양을 즉석에서 새겨주었다. 이 지구상에 하나뿐인 나만의 제품으로 만들어주는 것이다. 유명 모자디자이너 닉 푸케Nick Fouquet는 맞춤모자 주문을 미리 받아서 매장에서 판매하기도 했다.

2017년 10월 1개월간 주말 동안 바니스뉴욕을 방문한 밀레니얼 고객은 1만 2000명으로 매출액, 신규고객, 재구매율 등에서 기록적인 증가세를 보였다. 이 성공에 힘입어 LA, 도쿄 등으로 행사를 확대했다. 무엇보다 주목할 부분은 바니스뉴욕이 파티의 기획, 실행, 홍보 등 모든 과정을《하이스노비티Highsnobiety》에 맡겼다는 점이다.《하이스노비티》는 스트리트패션 마니아들이 즐겨보는 잡지다. 바니스뉴욕의 CEO 다니엘라 비탈레Daniella Vitale는《월스트리트저널Wall Street Journal》과의 인터뷰에서 "2~3년 전이라면《하이스노비티》와의 협업을 절대로 생각하지 않았을 것이다. 고객층이 완전히 다르다고 생각했기 때문이었다. 하지만 내가 틀렸다. 2~3년 전이라면《하이스노비티》가 우리와의 협업을 전혀 생각하지 않았을 것이기 때문이다"라고 밝혔다. 비탈레는 자신들이 더 이상 백화점, 또는 유통업에 종사하지 않는다고 말한다. 엔터테인먼트산업, 또는 개인맞춤형personalization 비즈니스, 요식업, 서비스업을 모두 망라하고 있다고 설명한다.[32]

덕업일치의 삶을 꿈꾼다

덕업일치란 덕질과 직업이 일치한다는 의미다. 덕질이란 일본어 오타쿠御宅를 한국식으로 발음한 '오덕후'에서 온 말이다. 일본어 오타쿠는 애니메이션, SF영화 등 특정 취미·사물에 깊은 관심을 가지고 있으나, 다른 분야의 지식이 부족하고 사교성이 결여된 사람이라는 뜻을 담고 있다. 우리나라에서는 오덕후를 줄여 '덕후'라고 하며 오타쿠의 의미와 달리 특정 취미에 강한 사람, 단순 팬, 마니아 수준을 넘어선 특정 분야의 전문가라는 긍정적 의미를 포괄하게 됐다.[33] 전문가의 수준에 도달할 정도로 특정 취미에 몰두하는 것을 '덕질'이라 부르며 덕질을 직업으로 삼는 것을 '덕업일치'라 칭한다. 재미를 추구하고 친구들과의 공유를 즐기는 밀레니얼 세대에게 가장 이상적인 생계유지는 덕업일치일 것이다.

밀레니얼 세대뿐만 아니라 초등학생까지도 유튜버가 되고 싶어 하는 것도 바로 이런 이유 때문이다. 게임을 즐기는 청년이 자신의 게임하는 모습을 동영상으로 올려 수입을 얻고, 이것이 생계를 유지하는 데 충분하게 된다면 덕업일치라 할 수 있다. 대중가수 god, 동방신기, 빅뱅 등의 팬으로 열심히 활동하면서 10대를 보냈던, 팬활동 15년 차 김수진 씨는 스타트업 팬심Fancim을 창업했다. 팬심은 1인 미디어창작자와 그 팬이 소통하는 플랫폼을 운영한다. 연예인 못지않게 인기를 끌고 있는 유튜버, 아프리카TV BJ, 트위치 스트리머에게 그들의 팬이 선물을 전달하거나 이벤트를 열고 기념품을 제작할 수 있는 플랫폼을 제공한다. 앞서 소개한 사적인 서점의 정지혜 대표도 덕업일치의 사례다. 그는 출판편집자로 2년, 서점 직원으로 3년을 보낸 후 서울 홍대입구에 단 한 사람을 위한 큐레이션 책방이라는 콘셉트로 서점을 열었다.

덕업일치를 더욱 촉진시키는 것은 인터넷이란 플랫폼의 발달이다. 자신이 그린 그림을 스티커로 만드는 개인과 소비자를 연결하는 워터멜론은 많은 덕후들을 환호하게 만들었다. 워터멜론은 요즘 초등학생들에게 열광적인 인기를 끌고 있는 인쇄소스티커, 일명 '인스'를 판매한다. 워터멜론에 소속되거나 또는 프리랜서로 활동하는 창작자들이 디자인한 스티커를 판매하는 것이다. 온라인과 오프라인 매장을 운영 중인 황대연 대표는 워터멜론이 "1인 창작자와 소비자를 연결하는 플랫폼 역할을 한다"고 설명한다. 이곳에서는 월트디즈니의 유명 캐릭터, 또는 카카오와 같은 대기업의 캐릭터 대신 개인창작자가 만든 개성 있는 캐릭터가 그려진

스티커를 판다. 예전과 달리 1000장 단위의 소량을 매우 저렴하게 인쇄할 수 있어 개인창작자들이 부담 없이 자신의 그림으로 스티커를 제작한다. 덕분에 어린 시절부터 그림그리기를 좋아하던 여성들이 직장을 그만두고 스티커제작자로 변신한 경우가 종종 있다. 이들은 자신이 좋아하는 그림을 마음껏 그리면서 돈도 버는 '성덕(성공한 덕후)'들이다.

소속된 가수도 작곡가도 없지만 음원차트에 지속적으로 이름을 올리고 심지어 음원차트 역주행까지 시킨 음악플랫폼 스페이스오디티space oddity도 좋은 사례다. "그라운드 컨트롤 투 메이저 톰Ground control to major Tom(여기는 지상 관제소, 톰 소령 나와라)"이라는 교신으로 시작하는 노래 〈스페이스 오디티〉는 영국 가수 데이비드 보위David Bowie가 1969년 발표한 곡이다. 외롭고 두렵지만 미지의 세계로 나아가는 우주비행사 톰 소령의 이야기를 담았다. 벤 스틸러가 주연한 영화 〈월터의 상상은 현실이 된다The Secret Life of Walter

Mitty〉에도 등장하는 톰 소령은 고독한 개척자를 상징하는 이름이다.[34] 스페이스오디티는 이렇게 고독하게 음악분야에서 일하는 작곡가, 작사가, 뮤직비디오 감독 등을 연결해 콘텐츠를 만든다. 2017년에 창업한 김홍기 대표는 "정확하게 계산해서 로켓을 보내고, 성공적으로 귀환시키는 스페이스태스크그룹처럼 세상의 모든 스페이스 오디티를 위한 회사가 되겠다"라고 포부를 밝혔다.[35] 2018년에는 스페이스오디티 콘퍼런스를 열었는데 음악뿐 아니라 패션, 음식, 디자인 등 다양한 업종에서 일하는 이들이 참여했다. '별걸 다 개척하는 괴짜들을 위한 안내서'라는 행사의 명칭에 걸맞게 각 분야의 괴짜들을 위한 정보를 제공했다.

괴짜, 마니아는 과거처럼 극소수가 아니다. 덕후라는 별명을 얻은 그들은 오히려 종종 트렌드를 주도한다. 앞으로 자신이 좋아하는 특정한 분야에 심취하는 덕후들은 점점 늘어날 것이다. 그리고 자신들만의 커뮤니티를 형성할 것이며, 정보를 공유하고 확산시킬 것이다. 덕후들의 취향과 기대수준은 사업에 새로운 기회를 제공할 수 있다. 시장을 세분화하는 좋은 안목을 제공해줄 수도 있다.

일도 재미있어야 한다고 생각하는 밀레니얼 세대. 의미와 재미가 있으면 나와 상관없는 회사의 제품도 열심히 칭찬하고, 공유하며, 마케팅까지 대신 해주는 세대. 그들을 고객과 조직구성원으로 동기부여하고 함께 일하려면 그들이 무엇을 좋아하는지 열심히 묻고 경청하는 자세가 필요하다. 그들을 통해 고객도 함께 이해할 수 있다.

고객이 우리 회사에 대해 알고 싶을 때 가장 먼저 방문하는 곳이 어디일까. **지금 당장 웹사이트를 점검해보자. 밀레니얼 세대가 친근하게 느끼고, 매력을 느낄 수 있도록 구축돼 있는지 살펴봐야 한다.** 예전의 방식대로 회사가 말하고 싶은 것만 일방적으로 보여주고 있다면 고객으로서도, 입사지원자로서도 밀레니얼 세대는 실망할 것이다. 잘나가는 스타트업의 웹사이트에 들어가면 그들의 미션과 비전이 명료하게 드러나 있다. 그들이 어떤 인재를 원하는지, 조직문화는 어떤지에 대해 멋진 비주얼로 보여준다. 제품이나 서비스를 소개하는 자료도 상호교류적이며 재미를 느낄 수 있게 만들어야 한다.

이런 측면에서 중국의 전자상거래 업체 알리바바Alibab 창업자인 마윈馬雲에게 배울 점이 많다. 마윈은 2018년 11월 11일 광군제를 앞두고 동영상을 공개했다. **마윈이 알리바바의 포장, 방송판매 분야 등의 달인 5명과 겨루는 장면이 나왔다.** 최고경영자였던 마윈이 포장을 전문으로 하는 직원들과 경쟁한 끝에 서투른 솜씨로 패배하는 모습을 보고 알리바바의 직원이나 고객들 중에서 마윈을 얕잡아보거나 무시하는 사람은 아무도 없었을 것이다. 오히려 더욱 친숙하게 느끼며 존경하고 사랑하게 됐을 것이다. 실제로 고객들은 이 동영상에 '좋아요'를 누르고 공유하며 즐거워했다.

직장이 즐거우려면 어떻게 해야 할까. **공간을 새롭게 구성하고 일의 내용을 재구축할 것을 권한다. 공동작업 공간을 멋지게 만드는 것은 밀레니얼 세대에게 매력적이다.** 예를 들면 맛있는 간식이 채워진 냉장고와 널찍한 테이블이 있는 커먼룸commonroom 또는 커먼키친commonkitchen 같은 공간을 만들어보자. 기왕이면 창밖 경치가 좋은 공간에 디자인이 멋진 소파를 두는 것도 한 방법이다. 일을 하다가 확 막히거나 다른 부서 직원들과 자연스럽게 만나 협업의 기회를 갖고 싶을 때 찾는 공간으로 만드는 것이다.

직무기술서도 새로 써보는 것이 좋다. 현재의 직무기술서가 과연 최선인지, 여기에 의미와 재미를 더하는 방법은 없는지 고민해봐야 한다. 이런 과정에서 밀레니얼 세대와의 적극적인 교류를 통해 도움을 받아보자. 먼저 조직의 리더들에게는 **컴포트존**comfort zone**에서 벗어나라**고 권하고 싶다. 컴포트존이란 내가 지금까지 만나왔던 친구, 늘 가던 장소, 비슷한 생각을 가진 동년배 등 익숙하고 편안한 환경이다. 예측가능하고 상대방에게 맞추려는 노력을 할 필요가 없으므로 안정감과 즐거움을 주지만, 사고를 확장하는 데 별 도움이 되지 않을뿐더러 변화에 대한 민감성을 감소시킨다. **일주일에 한두 번은 연령, 배경, 생각에 차이가 있는 그룹에 자신을 던져보기 바란다.** 그리고 그들의 의견이나 생각에 귀 기울여보자. 만약 그런 기회를 만들기 어렵다면 유튜브에서 찾아보라. 그들이 무엇을 재미있어하는지 귀 기울여 듣고, 발견하려고 애쓴다면 아마 변화가 있을 것이다. **가장 좋은 방법은 밀레니얼 세대 신입사원들에게 맡겨보는 것이다. 회사의 모든 것에 대해 의견을 내게 하고 그들 마음대로 바꾸어보도록 프로젝트팀을 운영하는 것도 한 방법이다.** 아마 여러분이 생각하지 못한 기발한 방법을 찾아낼 것이다.

밀레니얼 세대에게는 **그들이 좋아하는 것으로 보상해야 한다.** 선배나 상사가 좋아하는 것으로 보상하면 오히려 역효과가 난다. 예를 들면 회식을 자주 하고 노래방도 다니면서 친목을 다지는 것, 주말에 등산이나 볼링 등을 함께하면서 건강도 도모하고 대화도 나누는 것, 아침 일찍 일어나서 참석하는 교육 등등 이전 세대는 모두 기꺼이 참여했고 때로 즐겁게 했던 활동들이다. 밀레니얼 세대에게는 이런 자리가 불편하기만 하다. 보상이 아니라 벌처럼 느껴질지 모른다. 오히려 휴가, 공연 티켓, 극장표 등을 선물한다면 큰돈 들이지 않고 그들의 만족감을 얻어낼 수 있다. 그리고 보상할 일이 있다면 즉시 하는 것이 효과적이다.

5 ——————— 소유보다는 공유, 혼자지만 협업은 잘한다

아직도 부모님을 의지하다니

금융공기업의 강현모 전무는 공기업에서 임원을 하고 있는 친구들과의 저녁식사 자리를 끝내고 집으로 돌아가는 중이다. 오늘의 주된 화제는 부모 품을 벗어나지 못하는 요즘 애들 이야기였다. 한 친구가 먼저 말을 시작했다. 그러자 친구들의 경험담이 쏟아져 나왔다.

"아니, 채용절차가 끝나고 합격발표가 있던 날 전화를 받았어. 지원자의 어머니였는데 '우리 아들이 이런저런 자격을 갖추고 있는데 왜 불합격했는지 이해할 수 없다. 설명해달라'는 취지의 말을 하더라고. 좋게 설명하고 전화를 끊었지만 어찌나 황당하던지. 아니 우리 때를 생각해보라고. 부모님이 무슨 도움을 주었으며, 무슨 간섭을 하셨냐고. 국민학교만 들어가도 다 우리가 알아서 했잖아."

"나는 면접 볼 때 지원자들에게 '넥타이는 누가 골랐냐', '지금 의상은 누가 샀냐' 등의 질문을 하고 만약 부모님이 선택했다고 답하면 무조건

불합격을 주는 편이야. 부모님에게 지금까지 의존하고 있으면 직장에 들어와서 어떤 태도를 보일지 뻔하잖아. 너네들도 알다시피 나는 고등학교 때부터 자취했잖아. 부모님은 시골에서 농사짓느라 아무것도 아는 게 없으시니 나 혼자 다 알아서 했지."

"우리 사원 1명은 직무배치를 받기 전에 부모님과 상의하겠다고 하더라고. 시간을 좀 달라는 거야. 내가 '너의 직장 일을 왜 부모님과 상의하냐'고 물으니까 '저는 부모님을 존경하고 그분들의 의견을 존중하고 싶어요'라더라. 이걸 좋게 받아들여야 할지, 나쁘게 받아들여야 할지 잘 모르겠어."

강 전무도 한마디 거들었지만 마음속으로는 다른 생각이 들었다. 친구들이 집에서는 자녀들에게 조언과 격려, 각종 지침을 아낌없이 주고 있다는 것을 너무나도 잘 알기 때문이다. 회사의 신세대 사원들에게 '독립적이 되어라'고 요구하지만 정작 자녀에게는 얼마나 많은 자원을 퍼부어주고 있는지, 각종 지원을 아끼지 않는지 가슴에 손을 얹고 자신들을 되돌아보라고 얘기하고 싶었지만 공연히 분위기만 싸해질 것 같아 참았다. 당장 강 전무 본인조차 집에서 대학생인 아들과 직장 다니는 딸에게 조언을 아끼지 않는 편이라 오늘 대화에 너무 적극적으로 끼지 않은 것이 한편으로는 다행스러웠다.

아이들이 자라는 과정을 지켜보면서 강 전무는 아빠로서의 역할을 충실하게 하려고 노력했다. 사실 자신이 부모로부터 아무런 조언을 듣지 못한 채 자란 것이 아쉬웠고, 아이들이 못 보는 면을 보완해줄 수 있다는 자신감도 있어서였다. 강 전무 세대에도 부모 덕분에 외국생활을 하고 돌아온 친구들이 아주 드물게 있었다. 그들을 보면서 얼마나 부러워했던가. 유창한 외국어 실력, 부모의 후원…. 자신의 아이들에게는 그것을 보란 듯이 해주고 싶었다. 그러다보니 아이들의 해외연수, 고등학교 선택, 대학입시, 대학전공 선택, 직장 선택 등 모든 중요한 순간에 강 전무의 판단이 결정적인 역할을 했다.

그래서인지 직장에 다니는 딸은 어려움이 있을 때마다 아빠를 찾는다. 상사로부터 야단을 맞거나 선배의 부당한 태도를 대할 때조차 조언을 구하고 위로받는다. 물론 강 전무가 이야기를 시작하면 "아빠, 제가 물은 것에 대해서만 대답을 해주세요"라는 부탁을 종종 받기는 하지만 스스로 딸과 대화가 통하는 아빠라는 자부심이 있다. 딸에게 중요한 프레젠테이션이 있을 때는 온 식구가 모여서 딸의 리허설을 보고 피드백을 해주기도 한다.

이런 자신의 경험 때문인지 강 전무는 신세대 사원들이 좀 더 친근하게 느껴진다. 그리고 사원들과 그 부모들과의 연결성도 인정하는 편이다. 신입사원 환영식에 부모들을 초청해서 꽃다발을 걸어주는 행사를 제안해서 6년째 하고 있는데 좋은 반응을 얻고 있어서 앞으로도 지속할 생각이다. 또 어버이날에는 입사 기수별로 부모님을 초청해서 '당신의 아들딸이 이런 일을 하고 있습니다'라고 알리고 아들딸의 업적을 칭찬하는 세션을 진행한다. 명절 전에는 사원의 부모님 댁에 사원의 이름으로 선물을 보낸다. 물론 사원에게도 명절선물을 한다. 대신 예산 문제가 있으므로 실속 있는 상품으로 고르려고 노력한다. 부모님은 회사에서 아들이나 딸의 이름으로 명절선물을 보내준다는 것을 알면 그렇게 기뻐할 수가 없다.

사실 '나라도 그렇겠다' 싶다. 별로 큰돈 들이지 않고 사원들의 부모님을 기쁘게 해드린다면 여러모로 도움된다는 것을 최근 몇 년 동안의 경험을 통해 알게 됐다.

하지만 신세대 사원들이 부모님으로부터 자연스럽게 독립할 수 있도록 해야겠다는 생각을 한다. 회사 내에 멘토를 연결해주어 사회생활의 문제를 더 잘 헤쳐나가도록 격려하면, 그들이 자연스레 부모님과의 무선 탯줄을 끊게 될 것이라 기대해본다.

밀레니얼 세대는 소유하기보다 공유하기를 좋아한다. 밀레니얼 세대는 부모세대에 비해 부를 축적할 수 있는 기회가 적고, 따라서 부모세대보다 가난하게 살 최초의 세대라고 한다. 하지만 어린 시절부터 경제적으로 풍요로운 환경에서 자랐던 밀레니얼 세대는 가난하게 살고 싶어 하지 않는다. 자신들의 능력으로 원하는 만큼 부를 축적할 수 없다면, 공유라는 방식으로 누릴 것은 누리려고 한다.

에어비앤비를 공동창업한 브라이언 체스키와 조 게비아Joseph Gebbia의 스토리도 같은 맥락이다. 체스키와 게비아는 미국 샌프란시스코 인근에서 직장을 구하려고 노력했지만 뜻대로 되지 않았다. 백수로 지내던 그들에게 집세를 올려달라는 집주인의 요구는 더욱 가혹했다. 그러던 중 샌프란시스코에서 산업디자인학회 연례회의가 열렸다. 호텔마다 예약이 꽉 차서 방을 구하지 못한 참가자들이 발을 동동 굴렀다. 이때 체스키와 게비아는 아이디어를 떠올렸다. 자신들의 방을 빌려주고 아침을 제공해주기로 한 것이다. 이들은 에어베드 3개를 구입한 뒤 방을 구하지 못한 디자이너들에게 싼 값에 숙소와 아침식사를 제공했다. 디자이너들은 "진짜 샌프란시스코를 느낄 수 있었다"며 호평했고 이들은 단번에 1000달러를 벌어 집세를 해결했다.

방에서 집, 사무실까지 공간도 함께 쓴다

업무공간 공유서비스의 대표적인 기업으로 위워크WeWork가 있다. 2010년 이스라엘 출신 창업가 아담 뉴만Adam Neumann과 현재 최고 경영자인 미구엘 매켈비Miguel Mckelvey가 설립했다. 불과 8년 만에 미국과 캐나다는 물론 남미, 유럽, 아시아를 포함한 21개국에 진출하는 등 글로벌기업으로 성장했다. 현재 약 93만m²(28만 평)의 공간을 운영하고 있다. 2017년에는 소프트뱅크 등의 투자를 받아 약 5000억 원으로 별도의 중국법인 위워크차이나를 설립했다. 최근에는 실리콘밸리 시설을 페이스북에 임대해 7000여 명의 페이스북 직원에게 사무실을 제공하는 계약을 성사시켰다. 스타트업을 넘어 대기업에도 고급 사무공간을 경제성 있게 제공하는 파트너로 성장했음을 보여준다. 위워크는 앱서비스를 통해 국내외 위워크 커뮤니티 멤버와의 교류를 지원하며, 국내 스타트업 간 커뮤니티 조성에도 힘쓰고 있다.

밀레니얼 세대의 공간공유는 집까지 확대되고 있다. 혼자 살고 싶지만 외롭지 않게, 혼자 사는 자유를 누리고 싶지만 안전하게 살고 싶은 욕구를 모두 충족시키는 방안으로 쉐어하우스 또는 소셜아파트먼트가 등장하고 있다. 미스터홈즈Mr.Homes는 '더 많은 사람들이 더 좋은 집에 살 수 있도록'이라는 비전을 내세우며 1인 가구 공유주택 서비스를 제공한다. 미스터홈즈의 세일즈포인트는 방해 없는 개인공간, 생활의 가치를 높여줄 공유공간, 생활의 편의를 더해줄 서비스 등 3가지다. 그들은 '더 이상 옆방 소음에 스트레스받지 마세요. 눅눅한 공기에 불쾌하지도, 누군가의 침입에 불안해하지 않아도 됩니다. 미스터홈즈의 모든 집은 방음, 채광, 단열, 수납, 보안 등 집의 기본을 지킵니다'라고 선언한다. 공유공간은 식사를 할 수 있는 다이닝실, 세탁기를 여러 대 갖춘 세탁실, 운동을 할 수 있는 트레이닝실과 함께 라운지, 루프탑, 라이브러리 등으로 구성돼 있다. 필요하다면 세탁물 수거·배달, 퍼스널트레이닝, 청소, 간편식사 등의 서비스를 추가적으로 제공받을 수 있다.

2018년 11월 문을 연 소셜아파트먼트 테이블table도 새로운 개념의 공유주택이다. 부동산 개발기업 SK디앤디가 밀레니얼 세대를 겨냥해 선보인 이 주택은 경험과 느슨한 연대를 추구하는 그들의 라이프스타일을 반영해 설계됐다. 주거공간은 지극히 개별적이며, 공용라운지에는 다양한 프로그램이 마련돼 있다. 호텔서비스와 멤버십, 커뮤니티와 주거를 다 합친 서비스다. SK디앤디가 기획총괄을, 컨설팅사 퍼셉션Perception이 기획과 브랜딩을 맡고, 소셜살롱 비마이비Be my B가 커뮤니티 프로그램을 기획·운영하며 최인아책방의 최인아 대표가 입주자를 위한 책을 큐레이팅했다. 이외에도 마케팅 커뮤니케이션에는 B.A.T가, 공간디자인에는 최중호 스튜디오가 참여했다. 각 분야의 최고 전문가들이 협업한 이 공간이 앞으로 어떤 커뮤니티를 만들어갈지 많은 사람들의 궁금증을 일으키고 있다.

자동차 공유서비스를 시작한 도요타

"차를 사용하는 방법을 폭넓게 준비한다. (어떤 서비스를 사용할지) 정하는 것은 고객이다."

일본 최대 자동차제조사 도요타자동차의 사토 야스히코佐藤康彦 판매담당 전무는 2018년 1일 나고야 시내에서 열린 기자회견에서 이렇게 말했다.[36]

도요타가 자동차 공유서비스를 2019년부터 시작한다고 발표했다. 고객이 매달 일정액을 지불하면 자동차를 자유롭게 골라 탈 수 있는 정액제서비스 긴토KINTO와 1대의 차를 여러 명이 이용하는 카셰어링을 시행하기로 한 것이다. 예를 들면 긴토를 이용하는 고객이 고급세단인 렉서스Lexus를 타다가 SUV로 바꿔 탈 수 있다.

또 2018년 내에 시범적으로 시행한 차량공유 사업도 2019년 2월부터 전국 도요타판매점에 비치된 약 4만 대의 시승용 차를 활용해 본격화할 예정이다. 물론 볼보나 BMW가 자동차 정액제서비스를 일부 도입하고 있지만 도요타가 정액제뿐만 아니라 공유서비스까지 본격 시행한다는 면에서 큰 변화가 일어나고 있음을 보여준다.

도요타의 이 같은 결정은 일본의 고객변화에 따른 것이다. 저출산 고령화 추세가 본격화되면서 신차판매가 하락세를 보이고, 차를 소유할 필요가 없다고 인식하는 젊은 층이 늘고 있기 때문이다. 일본에서 신차판매는 1990년 777만 대에서 2017년 523만 대로 떨어졌고 도요타 역시 하락세다. 조사에 따르면 차를 소유하지 않은 10~20대 응답자 가운데 54퍼센트가 '차를 구입할 생각이 없다'고 답했다. 자동차에 대한 젊은 층의 관심이 적어지면서 '차에서 멀어진다'는 뜻의 '구루마바나레車離れ'라는 용어도 생겼다.

도요타의 사례를 보지 않더라도 세계적으로 차량공유 서비스는 빠르게 늘어나고 있다. 가장 많이 알려진 서비스는 미국에서 출발한 우버Uber이며, 아시아시장을 지배하는 서비스는 그랩Grab이다. 이처럼 차량공유 서비스 및 이동(모빌리티) 사업의 수요는 젊은 층을 중심으로 크게 늘어나고 있지만 우리나라에서는 택시업계의 반발과 규제 등으로 어려움을 겪고 있다. 카카오의 카풀서비스 출범과 관련, 택시업계의 파업이 벌어지자 젊은 고객들의 반응은 냉정했다. 그들 대부분은 기존의 택시 서비스에 불만을 느꼈고 차량공유, 카풀 등의 모빌리티서비스가 활발하게 이루어지기를 바랐다. 이에 따라 새로운 형태의 모빌리티서비스인 타다TADA에 대한 인기가 폭발적으로 증가하고 있다. 타다는 택시와의 경쟁을 피해서 11인승 승합차로만 서비스하고 있으며 요금은 택시보다 20~30퍼센트 비싸다. 한 달 만에 타다의 앱을 다운로드받은 횟수가 10만 건이 넘는가 하면 기사모집에도 3000명이 넘는 지원자가 몰렸다. 재이용률이 평균 50퍼센트대를 넘었으며 80퍼센트에 육박할 때도 있다. 타다를 론칭한 차량공유 스타트업인 쏘카Socar의 이재웅 대표는 페이스북에 다음과 같이 소감을 남겼다.

타다 서비스를 시작한 지 한 달이 됐습니다.

여전히 갈 길이 멀지만 지금까지 열악했던 이동 시의 사용자경험을 업그레이드하는 역할은 하고 있다고 자부합니다. 지난번 택시파업 때의 신기록을 할로윈 때 경신하더니 어제 카카오택시의 장애로 다시 신기록을 경신했습니다. 그 여파로 어제 주변에 차가 없어서 배차가 실패된 경우도 신기록을 경신했습니다. 타다를 아껴주시는 분들께 면목이 없습니다.

저희가 차량도 연말까지 2배로 증차하는 것을 목표로 가고 있고 기준에 맞는 드라이버도 파트너사들과 함께 빠른 속도로 확보하고 있습니다만 매주 폭증하는 사용자를 소화하지 못하고 있습니다. 택시와도 빠른 협의를 끝내서 저희 서비스 기준에 맞는 택시도 타다 플랫폼에 추가하려고 하고, 장애인을 위한 타다

고객의 감동 후기가 넘쳐나는 차량공유 서비스 타다

어시스트assist도 빠른 시간 내에 출시하려고 합니다만, 협의도 생각보다 시간이 걸리네요.

좀 더 빠르게 택시를 포함한 파트너사들과 협력해서 새로운 이동의 기본을 만들겠습니다. 조금만 기다려주시면 고맙겠습니다. 그리고 택시도 파업 안 하고, 할로윈은 2년에 한 번씩만 하고, 카카오택시도 장애가 안 생기면 좋겠습니다. 너무 힘드네요. 헉 헉.[37]

타다를 이용한 고객들의 후기는 열광적이다. "타다 진짜 감동적이다. 진짜 안 망했으면 좋겠다", "타다를 타보니 알겠다. 안 타본 사람은 있어도 한 번만 타본 사람은 없다는 말, 이해가 된다" 등등 소셜미디어를 타고 인증후기가 넘쳐난다. 이들이 하나같이 칭찬하는 서비스의 특징을 살펴보면 '승차거부가 없다', '정장 입은 기사가 안전하게 운전한다', '잔잔한 클래식 음악을 들려준다', '차

에서 은은한 향이 난다', '기사가 말을 시키거나 설교를 하지 않는
다', '택시 잡는 전쟁을 안 해도 되니 정말 살 것 같다' 등의 간증이
이어진다. 특히 막차가 끊어졌는데 경기도에 있는 집에 가야 한다
거나, 유모차를 끌고 외출해야 하는 엄마들 사이에서는 감사와 감
동의 후기가 넘친다. 고객이 고객을 불러 모으는 선순환이 시작되
면 기업은 대단히 빠른 시간 내에 궤도에 올라서기 마련이다. 과거
에는 상상도 못 했던 속도로 이 서비스는 널리 확대될 것이다.

혼자지만 협업에는 익숙하다

혼자지만 협업에 익숙하다는 것은 밀레니얼 세대의 큰 특징이다.
그런데 이들의 협력은 전통적 팀플레이와 다르다. 인터넷을 통해
수천, 수만 명이 아주 쉽고 빠르게 협업을 한다. 예를 들면 위키피
디아의 경우 적극적이며 자발적인 참여자들 7만 5000명이 주로
활동하는 가운데 세계적으로 수십만 명의 독자들이 편집활동에
참가하고 있다. 글로벌한 규모의 협력이 일상적으로 이루어질 수
있는 환경에서 태어난 그들의 협력은 차원이 다르다.

아주 쉬운 예로는 리눅스 프로그램을 들 수 있다. 1991년 리
누스 토발즈Linus Torvalds는 유닉스 기반의 컴퓨터 운영체제 리눅스
Linux를 개발한 뒤 누구나 무료로 사용할 수 있도록 소스를 완전히
공개했다. 이 프로그램은 그 뒤 30여 년 동안 수많은 프로그래머

들이 커뮤니티를 만들어 수정하고 보완하는 작업에 참여해왔다. 리눅스는 페도라Fedora, 우분투Ubuntu, 레드햇Red Hat 등 다양한 공개 소프트웨어의 밑바탕이 됐고 지금도 활발하게 사용되고 있다. 리눅스재단에 따르면 퍼블릭클라우드 워크로드의 90퍼센트, 세계 스마트폰의 82퍼센트, 임베디드 기기의 62퍼센트, 슈퍼컴퓨터 시장의 99퍼센트가 리눅스로 작동된다. 앞으로 클라우드와 사물인터넷 시대가 열리면서 리눅스의 지배력은 더욱 커질 것이다. 이처럼 리눅스가 막강한 지배력을 발휘하는 소프트웨어로 성장한 것은 바로 자발적이며 적극적인 개발자들이 리눅스커널 커뮤니티에서 활발하게 소프트웨어를 보완하고, 수정하고, 업그레이드해왔기 때문이다. 지금까지 약 4300명의 개발자, 500여 개 회사가 리눅스커널 개발에 기여했다. 이것이 바로 오픈소스의 힘이며 협력의 성과다. 마이크로소프트는 윈도우즈의 시스템을 폐쇄적으로 운영하면서 자신들의 영향력을 확장하려 노력했으나 결국 리눅스와의 경쟁에서 패하고 말았다. 세계적인 기업이 막강한 자원을 투입해 개발한 프로그램이 불특정 다수가 자발적으로 업그레이드하고 무료로 배포하는 소프트웨어에 뒤진 것이다. 이런 협력을 디지털시대의 공동창조라고 한다.[38]

디지털 마케팅 분야의 전략전문가인 이승윤 교수는 디지털시대 공동창조는 크게 2가지 방식으로 이루어진다고 한다. 첫째, 기업이 고객으로부터 아이디어를 얻을 온라인플랫폼을 구축하면 고객들이 아이디어를 해당 플랫폼에 내놓는 방식이다. 그런 다음

기업은 고객들의 여러 가지 아이디어를 다양한 방식으로 리뷰해 그중 제품화할 수 있는 것을 선택한다. 둘째, 기업이 온라인플랫폼을 구축한 뒤 고객들이 플랫폼에 콘텐츠를 채워나가는 방식이다. 이때 기업은 플랫폼에서 고객들이 다양한 콘텐츠를 만들도록 해주고 이를 다른 고객들이 소비하도록 돕는다. 그 과정에서 얻은 이득은 콘텐츠를 만든 고객과 나눈다.

밀레니얼 세대들은 인터넷 채팅방에서 협력하고, 멀티유저 비디오게임을 즐기고, 이메일 및 채팅앱을 일상적으로 활용하면서 관계를 맺는 데 익숙하다. 그곳에서 브랜드, 회사, 상품, 서비스에 대해 토론하고 평가하고 공유한다. 그들은 자신이 좋아하는 브랜드, 회사, 상품, 서비스에 직접 기여하는 것을 즐겁게 생각한다. 제품의 견본을 시험하고, 조사에 응하는 것도 즐긴다. 그들 세대의 절반은 자신들의 니즈를 잘 충족시키는 제품을 만들어낼 수 있다면 자신들의 생활에 대해 보다 세세하게 기업에 밝힐 의사가 있다. 특히 새로운 제품을 남들보다 빨리 받아들이는 얼리어답터일수록, 최첨단 제품을 좋아하는 사람일수록 더욱 그렇다. 이런 사람들을 프로슈머(prosumer, producer와 consumer의 합성어)라고 부른다. 인터넷에는 정보를 제공하는 플랫폼에서 사람들끼리 서로 협력하고, 사람들끼리 모여서 새로운 커뮤니티를 만들어내는 디지털네이티브가 가득하다.

스레들리스Threadless는 온라인 기반의 의류 제조·판매 업체다. 미국 시카고 출신의 청년 제이크 니켈Jake Nickell이 1000달러를 가지

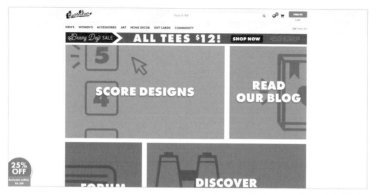

고 만든 이 업체는 회사에 디자이너가 없다. 디자이너 없는 의류업체? 과연 가능한가?

스레들리스 홈페이지에 가면 커뮤니티community 항목이 있다. 여기에는 디자인에 점수를 매기는 스코어디자인Score Designs, 디자인을 경진대회에 제출하는 서밋투디자인챌린지Submit to Design Challenges 코너가 있는데, 누구든지 자신이 만든 디자인을 제출해서 많은 점수를 받으면 제품으로 생산된다. 취미로 디자인을 즐기는 일반인, 일러스트를 전공하는 미대생까지 다양한 사람들이 참여한다. 디자인 경진대회에 참가하면 대략 일주일 동안 수백만 명의 회원들로부터 평가를 받는다. 회원들은 자신의 취향과 선호에 따라 점수를 준다. 매주 스레들리스 홈페이지에 올라오는 디자인은 1000개가 넘는다. 경쟁에서 많은 점수를 얻은 당선작의 주인공에게는 2000달러의 상금과 500달러 상당의 스레들리스 상품권이 제공된다. 제품이 매진돼 재생산에 들어가면 역시 추가로 500달러의 상품권이 주어진다. 무명의 디자이너들은 이곳에서 이름을 알리기도 하고 새로운 재능을 발굴하기도 한다. 티셔츠, 원피스, 생활용품, 가방, 액세서리까지 스레들리스 제품의 디자인은 대부분 이 경진대회를 통해 탄생한다.

내가 키운 내 새끼 같은 내 가수

서로 인터넷으로 연결돼 협업하는 것은 연결성과 유대감으로 이어진다. 모두 제각각의 개인이지만 소셜미디어를 통해 연결돼 하나의 커뮤니티를 형성한다. 사실 너도나도 방탄소년단, 즉 BTS 이야기를 하지만 이 책에서도 할 수밖에 없겠다. BTS의 성공요인에서 밀레니얼 고객의 특징을 이해하고, 그들의 마음을 움직이는 키워드를 찾아낼 수 있어서다. BTS는 팬과 스타가 하나로 연결된 유대감의 정점을 보여준다. BTS는 클래스가 다른 팬덤을 성취했고 함께 가꾸어가고 있다. 그들은 어떻게 팬과 일체감을 형성했는가.

BTS는 연습생 때부터 소셜미디어를 통해 팬과 소통하면서 성장하는 모습을 보여주었다. 실수하고, 좌절하고, 노력하고, 갈망하는 모습을 있는 그대로 소셜미디어에 노출했다. 소셜미디어 동영상을 보면서 팬들은 공감대를 형성했고 응원했다. BTS가 춤을 완성하고 노래를 완성하면 자신들의 일인 양 기뻐했다. 팬클럽의 이름은 아미ARMY(군대). 방탄소년단이라는 그룹명과 어쩌면 일맥상통하는 듯한 팬클럽의 규모는 정확히 산출하기 어렵다. 2018년 12월 BTS의 트위터가 한국 최초로 1000만 팔로워를 넘어 1700만 명을 넘어섰다. 유튜브 구독자수도 1370만 명을 넘었다. 그래서 아미는 1000만 대군이라 불린다.

　BTS는 소셜미디어를 통해 꾸준히 팬들과 소통하며 이들이 즐길 만한 거리를 제공했다.[39] BTS의 소셜미디어 채널은 트위터, 티스토리, 유튜브 공식채널인 방탄TV 등이다. 연습생 시절부터 연습하는 장면, 요리영상, 하루 일과를 일기처럼 공개하는 로그 등을 운영해왔는데 팬들은 이를 공유하고 리트윗하면서 BTS의 성장을 함께하고 응원하고 전파했다. 게임하고 잠자고 연습하는 일상부터 해외투어, 연말무대의 비하인드 스토리까지 BTS의 모든 것이 팬들에게 공유된다. 그리고 7명의 멤버가 같은 계정을 사용해 팀으로서의 정체성과 동시에 각 개인의 매력과 개성을 보여준다. 제이홉은 몸풀기 동작부터 시작해서 안무 동작을 하나하나 알려주는 영상을 올린다. 또 다른 멤버는 앨범을 제작하는 과정에 대한 비하인드 스토리를 친절하고 재미있게 알려준다.

　이런 동영상은 팬들로 하여금 재미있게 놀 수 있는 거리를 제공한다. BTS의 안무를 그대로 배워서 따라하거나 앨범의 노래에 대해 더 깊이 이해하기도 한다. 팬들은 내 가수의 콘텐츠를 소비하며 응원하는 데 그치지 않고, BTS의 음악에 녹아 있는 가치관을 해석하고 좋은 구절을 좌우명으로 삼는 등 새로운 팬 문화를 형성했다. 아미의 공유확산 능력은 대단해서 트럼프 미국 대통령을 능가하는 것으로 분석된다. BTS의 트위터 공식계정 팔로워 1700만 명이 리트윗하는 규모는 트럼프 대통령의 2억 1300만 회보다 2배 이상 많은 5억 200만 회라고 한다. BTS는 2018년 6월에 진행된 TV 인터뷰에서 "성공비결은 팬클럽 아미 덕분"이라고 했다. 이들은 빌보드차트 1위 이후 애프터파티에 참석하는 대신, 숙소로 돌아가 라이브방송을 통해 팬들과 기쁨을 나눴다. 팬들에 대한 BTS의 진심 어린 마음은 이미 연습생 시절부터 7년 이상 소셜미디어 소통을 통해 신뢰와 사랑이 구축돼 있으며 월드스타가 된 이후에도 변함없이 지속되고 있다.

아마 여러분은 또 궁금할 것이다. 한국말로 하는데 어떻게 실시간으로 전 세계 팬들이 함께 즐기는가. 이런 질문은 아미를 과소평가하는 것이다. 아미에는 한국어를 전 세계 언어로 번역하는 막강한 실력파들이 있다. 번역은 단지 영어, 스페인어, 불어, 중국어, 일어로만 이루어지지 않는다. BTS 노래가사의 번역본을 찾는 검색어를 구글에 입력하면 크로아티아, 체코, 그리스, 덴마크, 우크라이나 등 각종 언어로 번역된 가사들이 뜬다. 미국이나 유럽의 명문대에 재학 중인 지인의 자식, 조카들의 취미생활이 BTS의 가사, 연설, 일상생활 동영상 등을 실시간으로 번역하는 것이라는 이야기가 이제 새롭지 않다. 아미의 실력파들이 가장 희열을 느끼며 하는 작업이 전 세계 각 나라 언어로 번역해서 자막을 달고, 공유하고, 확산하는 일일 것이다. 그것은 BTS와의 일체감이 없이는 불가능하다.

돈 탭스콧이 분석한 밀레니얼 세대, 또는 디지털네이티브의 특징과 BTS의 성공요인을 연결시켜보자. 첫째, BTS의 진정성, 즉 그들의 말, 행동, 노래가사가 일관된 메시지를 주고 있다는 점이 밀레니얼 세대의 마음을 움직였다. 이는 UN에서의 연설에서도 마찬가지였다. 둘째, 자신들의 부족함, 힘든 시절을 있는 그대로 보이고 그것을 이겨내는 모습을 스토리에 담았고 이를 소셜미디어로 충분히 소통함으로써 팬들과의 연결성, 유대감을 극대화했다. 셋째, 방시혁 대표는 BTS에게 자율을 주었고, 이들은 가장 고민하던 문제를 마음껏 음악으로 표현함으로써 기존 아이돌과는 다르게 큰 울림과 공감대를 형성했다. 넷째, 아이돌챌린지 등 각종 패러디, 안무 따라 하기, 가사 해석하기 등 팬들이 재미를 느끼고 놀이로 즐길 수 있는 '거리'를 무궁무진하게 제공했다. 다섯째, 의미와 선한 영향력이다. 고전문학을 차용한 가사, 사회적 이슈를 과감하게 비평하는 가사를 통해 BTS는 청년들에게 선한 영향력을 미친다. 그들의 뮤직비디오나 노래가사 등은 팬들로 하여금 해석하고 분석할 여지를 준다. 여섯째, 혁신이다. 매 앨범마다 세계적인 전문가와 협업하면서 팬들을 매료시키는 혁신을 이루어 냈다.

BTS가 연습생 시절부터 스스로 팬을 창출하고 정성껏 일구어온 사례라면 팬덤으로 만들어진 아이돌그룹도 있다. 요즘 대세라고 해도 과언이 아니다. 워너원, 아이오아이, 포레스텔라. 이런 이름을 들어본 적이 있다면, 그중 좋아하는 그룹이 있다면 트렌드를 좀 아는 사람이다. 워너원은 〈프로듀스 101〉 시즌2를 통해 탄생한 보이그룹, 아이오아이는 〈프로듀스 101〉 시즌1을 통해 탄생한 걸그룹, 포레스텔라는 〈팬텀싱어〉 시즌2를 통해 탄생한 남성그룹이다.

"국민프로듀서 여러분, 안녕하십니까. 대한민국 대표 아이돌그룹을 만들어낼 준비되셨습니까"라는 진행자의 인사말이 끝나자마자 화면 가득 소녀 연습생들이 등장하면서 "픽미업(Pick me up, 나를 뽑아주세요)"이라고 노래한다. 회를 거듭할수록 국민프로듀서의 역할을 부여받은 시청자들은 휴대전화를 손에 쥐고 자신이 좋아하는 연습생이 선발되도록 안간힘을 쓴다.

그동안 아이돌그룹은 기획사에서 다 만들어서 선보이는 것이 관례였다면 〈프로듀스 101〉은 시청자들에게 선발할 기회를 주었다. 좋아하는 연습생이 많은 지지를 받아서 다음 라운드로 올라가는 것을 자기 일처럼 기뻐하는 것은 바로 시청자 자신이 그 연습생을 키우는 입장에 있기 때문이다. 첫 회부터 최후의 승자가 결정되는 순간까지 연습생의 성장과 성공에 함께하고 기여했다는 느낌, 바로 팬덤이다. 시즌2에서 압도적인 인기를 얻어 1위를 차지했던 강다니엘은 아이돌차트 평점에서 줄곧 1위를 차지하는 등 인기가 식을 줄 모른다. 성악가, 뮤지컬 가수 등이 출연하는 〈팬텀싱어〉를 통해 탄생한 그룹 포레스텔라 역시 높은 인기를 지속적으로 누리고 있다. 앞으로 이들 그룹의 인기는 팬덤을 얼마나 진정성 있게 관리하느냐에 달려 있다.

시청자를 국민프로듀서라고 칭하면서 국민아이돌을 만드는 작업에 동참하라고 권하는 것은 이제 더 이상 시청자와 기획자가 분리돼 있지 않음을 보여준다. 고객과 직원 또한 마찬가지다. 팬이 팬을 부르고, 고객이 고객을 끌어들이는 시대. 고객과 직원이 일체감, 유대감을 느낄 때 기업이 성장할 수 있는 시대가 왔다.

기업도 팬덤이 필요하다

우리는 지금처럼 사용자들이 똑똑한 시대는 없다고 생각한다. 잘 만든 카피 하나로 인해 구매가 줄을 잇던 시대는 지났다. 샤오미 커뮤니티만 보아도 사용자들이 제품의 특성을 얼마나 자세히 비교하고 있는지 알 수 있다. 사용자 한 사람 한 사람이 우리보다 더 제품의 특성을 잘 아는 전문가들이다. 사용자가 우리 회사 직원이고, 우리 회사 직원이 사용자라는 생각을 잊어서는 안 된다.[40]

중국의 전자제품 제조업체 샤오미小米의 성공비결로 손꼽히는 입소문마케팅을 담당했던 리완창黎萬强의 말이다. 리완창은 샤오미의 고객을 팬의 수준으로 끌어올려 열성적으로 지지하게 만든 공로자다. 그는 그 비결을 고객의 참여감이라고 밝혔다. 한때 샤오미의 제품은 터무니없이 싼 가격 때문에 우리나라에서 네티즌들이 우스갯소리로 '대륙의 실수'라고 불렀다. 너무 싼 가격에 아주 박한 이윤을 붙이면서도 승승장구하며 성장하는 샤오미에 대해 삼성전자의 한 임원이 "샤오미는 의문의 존재다. 도대체 어디서 이익을 남기는지 모르겠다"고 말한 적도 있다. 2018년 여름에 출시한 신제품 휴대전화 포코폰 F1은 프리미엄급 사양에 가격은 약 33만 원 수준이어서 갤럭시나 아이폰 신제품의 3분의 1에 해당한다. 놀라운 가성비의 비결은 원가절감에 있다. 원가절감은 모든 부분에서 이루어지는데 특히 고객의 기여도가 매우 높다. 한마디로 샤오미는 고객이 개발자로, 홍보대사로, 마케터로 열정적인 참여를 한다. 샤오미의 열성팬들은 '미펀米粉'이라고 불린다. 한자를 풀이하면 쌀국수라는 뜻이다.

미펀은 프로슈머의 대표적인 사례. 프로슈머는 1980년 미래학자 앨빈 토플러Alvin Toffler가 《제3의 물결》에서 "21세기에는 생산자와 소비자의 경계가 허물어질 것"이라 예견하면서 처음 사용한 용어다. 프로슈머는 소비는 물론 제품의 생산부터 유통에 이르기까지 기여하고 교류한다. 기업이 생산한 제품을 수동적으로 받아들이던 단계에서 벗어나 자신의 취향에 맞는 물건을 스스로 창조해나가는 능동적 소비의 개념이다.

샤오미가 성공을 거둔 것은 초기의 혁신적인 사업모델과 이 과정에 적극적이자 자발적으로 호응하고 나선 팬덤 덕분이다. 샤오미는 성공한 기성제품을 모방하는 카피캣 전략으로 개발비, 디자인비를 줄였으며 마케팅비, 광고비 등도 거의 쓰지 않았다. 초창기 샤오미는 온라인에서만 제품을 팔았다. 매출의 1퍼센트만 마케팅비로 쓰는 대신, 웨이보Weibo나 위챗WeChat 등 소셜미디어를 통한 입소문마케팅에 공을 들였다. 그 핵심은 미펀이다.

샤오미는 개발자를 많이 뽑지 않는 대신 전 세계에 분포한 미펀들의 집단지성을 활용하는 전략을 썼다. 샤오미의 개발자들은 미펀과 적극적으로 교류하고 그들의 의견을 반영한다. 기술정보와 제품의 약점을 있는 그대로 노출하고 공유하면서 도움을 요청하면 여기에 적극적인 미펀들이 참여해서 약점을 보완하고 기술을 개선한다. 미펀들이 밤을 새워가며 약점을 보완할 방법을 찾으면 개발자들도 새벽에 응대하는 등 열성을 보이고 미펀들은 더욱 열정적으로 화답한다. 누가 개발자인지, 누가 고객인지 알 수 없을 정도다. 이런 점에서 샤오미가 사용자에게 판매하고자 하는 것은 제품이 아니라 사용자들이 참여할 수 있는 생태계며, 사용자로부터 얻고자 하는 것은 돈이 아니라 마음이라고 표현하는 것도 무리가 아니다.

고객의 마음을 얻은 기업은 모든 것을 얻은 셈이다. 샤오미의 고객, 즉 미펀들은 샤오미의 기술개발, 서비스, 디자인 등 모든 단계에 참여할 뿐만 아니라 친구와 이런 마음을 공유하고 친구에게 샤오미를 권한다. 미펀들의 20퍼센트가 친구에게 샤오미 계정을 빌려준다고 한다. 그만큼 샤오미를 공유하고 싶어 한다는 의미로 해석할 수 있다.

고객이 고객을 불러 모으는 블루보틀

　　미국이나 일본에 다녀온 20~30대 젊은 여성들의 SNS는 한 가지 뚜렷한 경향을 보인다. 그들이 저마다 남긴 사진에 공통적으로 보이는 것은 바로 '파란 병'들이다. 이름해 '블루보틀Blue Bottle'. 이를 모르는 사람들을 위해 미리 말하자면 블루보틀은 미국의 커피브랜드다. (…) 언제부터인가 우리나라 젊은 여성들의 도쿄여행에는 블루보틀 미나미아오야마南靑山 지점이 일종의 성지聖地가 됐다. 이 동네는 분위기가 서울 청담동과 비슷하다. 이들은 저마다 이 브랜드 로고나 가장 맛있다는 카페오레를 앞에 두고 인증샷을 올린다.[41]

열광적인 커피 애호가며 클라리넷 연주자였던 제임스 프리먼은 2002년 미국 캘리포니아주 오클랜드의 작은 창고에 커피로스터기를 놓고 장사를 시작했다. 연주회를 위해 해외를 다닐 때도 커피원두와 핸드드립기구를 가지고 다녔던 프리먼은 자신의 높은 기준에 맞는 커피만 팔겠다는 결심을 했다. 로스팅한 지 48시간 이내의 커피원두를 핸드드립으로 내린 커피가 바로 그것이다. 그는 커피카트를 끌고 시장에 나가 주문을 받고, 그 자리에서 커피원두를 저울에 단 후 갈아서 핸드드립한 커피를 고객에게 제공했다. 그렇게 탄생한 블루보틀의 커피를 마시기 위해 고객들은 기꺼이 시간을 할애했다. 길게 줄 서서 커피를 기다리는 고객들 앞에서 서

두르는 기색 없이 정성스럽게 한 잔씩 커피를 핸드드립하는 종업원의 모습은 오히려 블루보틀의 매력을 높여주는 효과를 발휘했다. 30분씩, 또는 그 이상 기다려서 구매한 블루보틀 커피는 자랑거리로서 손색이 없었다. 고객들은 너도나도 블루보틀 로고가 보이게 사진을 찍어 인스타그램에 공유하기 시작했다. 이 커피는 머지않아 샌프란시스코의 명물이 됐고 많은 명사들이 그 커피를 마시며 트위터, 인스타그램 등 소셜미디어에 공유하면서 세계적인 유명세를 얻었다. 블루보틀은 2002년만 해도 하루 매출이 고작 70달러였지만 2016년 기준 매출액 9400만 달러(1064억 원)을 기록했다. 블루보틀의 고객은 열성적인 지지자가 됐고, 열성적인 투자자가 됐다.[42]

블루보틀의 스토리는 곧바로 고객의 열광적인 호응을 불러일으켰다. 게다가 블루보틀 로고의 유래도 흥미진진하다. 1600년대 후반 오스만튀르크군대가 동부와 중부 유럽의 많은 지역을 휩쓸고 1683년 빈에 도착했다. 고립된 빈은 감시망을 뚫고 인근 폴란드군대에 메시지를 전달할 사람이 필요했다. 폴란드 외교관 출신이었던 예르지 프란시스크 쿨치지치Jerzy Franciszek Kulczycki는 아랍어를 할 수 있었기 때문에 튀르크병사 복장으로 위장을 하고 임무를 수행할 수 있었다. 튀르크군대가 급하게 퇴각하느라 놓고 간 커피원두 자루를 알아본 쿨치지치는 포상금으로 이를 구입해 중앙유럽 최초의 커피하우스를 열었다. 그곳 이름은 '푸른 병 아래의 집Hof zur Blauen Flasche'이었다. 터키블루 색상의 블루보틀 로고에 담긴 이런 이야기는 블루보틀의 맛과 향, 핸드드립이라는 희귀성까지 더해져 커피 애호가뿐만 아니라 일반 관광객의 성지순례로 이어지면서 '커피계의 애플'로 등극하게 됐다. 블루보틀의 홍보나 마케팅은 순전히 고객의 열광에 의해 이루어졌다. 세계적인 스타, 실리콘밸리의 글로벌기업 창업자들이 인스타그램에 블루보틀 사진을 올리는 것으로 시작된 소셜미디어에서의 붐은 세계로 확산됐다. 블루보틀이 해외에 낸 두 곳의 지점 중 하나인 도쿄 오모테산데의 블루보틀은 한국 젊은이들의 성지순례 장소가 됐다.

그런데 2017년 네슬레Nestle가 스몰브랜드 블루보틀을 인수했다. 다국적 식품기업인 네슬레가 슬로커피를 지향하는 블루보틀을 인수하자 세계 각지의 블루보틀 마니아들은 한숨을 쉬었다. 그들은 심지어 더 이상 블루보틀을 사랑하지 않겠다는 절교선언까지 했다. "아니, 왜 블루보틀이 네슬레에 지분을 팔았단 말인가!" 마니아들은 탄식했다.

하지만 기성세대 입장에서는 이해가 되지 않는다. 세계적인 기업이 인수했으면 성공한 것 아닌가. 왜 블루보틀의 고객들은 오히려 실망을 했는가. 블루보틀의 고객 입장에서는 '희소하고 소중한 나의 애장품이 만인의 흔하디흔한 소유물로 전락하는 것 아닌가' 하는 아쉬움을 느끼는 것이다. 앞으로 블루보틀의 고객들은 과연 네슬레가 지금까지의 원칙과 브랜드 명성을 훼손하지 않고 블루보틀을 잘 지켜나갈지 숨죽이고 지켜볼 것이다. 이런 고객의 반응을 알기에 아마 네슬레는 뒤로 숨을 것이다. 또한 블루보틀이란 브랜드의 명성을 그대로 유지하기 위해 최선을 다할 것으로 예상된다. 네슬레라는 빅브랜드도 자신이 젊은 세대에게 매력적이지 않다는 점을 잘 알고 있다. 이탈리아의 독립브랜드 일리커피 Illycaffè를 인수하려는 대형식품사의 시도가 끊이지 않는 것도 바로 같은 맥락이다. 이처럼 밀레니얼 세대의 취향을 저격해 팬덤을 확보한 스몰브랜드를 인수하는 것이 빅브랜드의 전략이 됐다.

제품이 자신들의 취향에 맞으면 고객은 가장 훌륭한 홍보대사 역할을 적극적으로 수행합니다. 1년에 한 번 코엑스에서 아트토이 전시회를 하는데 이곳에 온 고객들이 자신의 마음에 드는 제품을 구매하는 데서 끝나는 것이 아니라 사진을 찍고 인스타그램에 올려서 친구들과 공유하고 친구들에게 적극 추천하는 거

죠. 한번 이렇게 뜨기 시작하면 고객이 고객을 불러오는 놀라운 효과를 경험하게 됩니다.[43]

2014년부터 매년 어린이날 무렵이면 서울 코엑스에서 '아트토이컬처박람회'가 열린다. 장난감과 아트 사이의 틈새를 사업영역으로 확보했다거나, 아트보다는 가볍고 장난감보다는 무거운 새로운 세계를 개척했다는 평가를 받는다. 바로 이 일을 해낸 사람이 아트벤처스의 문효은 대표다. 아트벤처스는 가나아트센터와 함께 박람회를 열면서 국내에 없던 새로운 영역을 확보하는 데 성공했다. 아트벤처스는 어른이 됐지만 여전히 어린 시절의 장난감이나 추억을 그리워하는 감성을 건드림으로써 아트토이의 세계를 구축했다. 박람회에는 아티스트, 게임업체 등이 참가해 다양한 아트토이를 선보이는데 2018년에는 7만 명이 다녀갔다. 참가한 대표적인 아티스트는 프랑스의 장 줄리앙Jean Jullien이다. 그는 경쾌하고 웃음을 자아내는 독특한 작품세계를 장난감에 접목해 호응을 얻었다. 해부학 캐릭터로 유명한 미국작가 제이슨 프리니Jason Freeny가 카카오프렌즈의 상징 캐릭터 라이언을 재해석한 작품, 초코사이다의 더쿠, 스티키몬스터랩 작품, 미스터두나띵Mr. Donothing 등의 캐릭터도 큰 호응을 얻었다.

문 대표는 박람회의 성공요인을 "고객이 고객을 부르는 선순환구조"라고 분석한다. 박람회에 온 젊은 고객들은 자신의 취향에 맞는 캐릭터를 촬영하고 인스타그램이나 페이스북 등에 공유한다. 취향에 맞는 캐릭터를 친구끼리 공유하고, '좋아요'를 누르며 함께 기뻐하며, 다시 친구의 친구를 거쳐 확대재생산되는 구조 덕분에 별도의 마케팅이나 광고 없이도 높은 성과를 냈다. 놀이를 중시하고 재미를 추구하는 밀레니얼 세대의 특징을 잘 이해한 비즈니스라고 할 수 있다. 더구나 재미있다고 생각하면 자발적으로 친구들에게 공유하고 권유하는, 연결성과 유대감 등이 발휘된 것도 아트벤처스의 성공에 도움이 됐다.

글로벌화가 빠르게 진행되고 IT기술이 발달하면서 세계시장은 하나로 통합된 지 오래다. 아마존, 애플, 구글, 삼성 등 글로벌기업의 제품이 세계시장을 지배하면서 지역제품, 스몰브랜드는 살아남기 어려울 것으로 예상됐지만 사실은 그렇지 않다. 오히려 빅브랜드의 획일적이고 압도적인 분위기에 거부감을 느끼면서 자신의 취향을 알아주는 스몰브랜드에 끌리는 사람들이 늘어나서다. 수천만, 수억 명의 고객을 타깃으로 하는 보편적 제품에는 없는 매력, 즉 개인의 취향을 충족해주는 느낌, 서로를 아는 듯한 친근감, 사람 사는 이야기 등을 스몰브랜드에서 발견하기 때문이다. 바로 커뮤니티의 중요성이 다시 부각되고 있는 것이다. 지금은 사라진 동네나들이, 친구네 집 사랑방, 이웃사촌 등이 다른 형태로 부활하고 있다. 어떤 언론은 이를 "살롱문화의 부활"이라고도 표현했다. 독서커뮤니티 트레바리, 일하는 여성들을 위한 커뮤니티 헤이조이스, 자신의 취향을 다른 사람들과 나누는 공간 취향관 등의 활발한 등장은 바로 이런 살롱문화를 보여주는 대표적 사례다.

고객이 기업의 브랜드에 대해 애정과 관심을 갖고, 자신의 피드백을 반영하는 경험을 할 수 있도록 노력해야 한다. 대학생 체험단, 또는 대학생 홍보대사 등을 의례적으로 진행하는 기업이 있는가 하면, 고객이 팬심을 가질 만큼 진심으로 좋아하는 마음이 생기게 하는 기업도 있다. 고객이 팬으로 변화하는 데는 기업의 진정성 있는 노력이 필요하다. 피드백에 대해 진심으로 응대하고, 고객의 불편함을 최소화하기 위해 진심으로 애써야 한다. 기업의 이익이나 홍보를 위해 의도적으로 하는 것이 아니라 진심으로 고객을 사랑하는 마음으로, 고객의 불편함을 해소하려고 하는 모습, 기업의 본업 그 자체를 잘하려는 모습 등이 고객의 마음을 얻는 비결이다.

밀레니얼 세대 고객으로부터 가장 사랑을 받는 단계가 바로 팬덤의 형성이다. 그러려면 치열한 노력과 혁신을 통해 고객의 불편, 고객의 어려움을 극적으로 해소하는 것은 당연하다. 팬덤이 형성되는 것은 무척 어렵고 또 드문 일이다. 앞선 여러 가지 사례에서처럼 샤오미의 팬클럽 미펀, 블루보틀의 마니아 고객들, BTS의 팬클럽 아미 등은 고객이 고객을 부르는 팬덤에 해당한다. 우리나라에서도 일부 기업에서 이런 팬덤에 가까운 고객의 지지가 나타난다. 공유모빌리티 서비스 타다와 수제맥주 스타트업 더부스의 인기, 아트토이컬처박람회의 성공, 마켓컬리의 급성장 등은 모두 팬덤이 형성된 덕분이다. 충성스러움을 넘어 고객이 고객을 불러들이는 선순환이 만들어진 것이다. 타다의 고객들은 누가 시키지 않아도 인증샷을 찍고 후기를 소셜미디어에 올린다. 기존의 택시 서비스에서 큰 불편을 느끼던 밀레니얼 세대가 '우리는 이런 서비스를 기다렸어요'라고 선언하듯 타다의 서비스에 호응하는 것이다. 마치 릴레이하는 것처럼 연이어서 자발적으로 올리니 입소문이 빠르게 확산된다. 마켓컬리의 고객들도 마찬가지다. 밤 11시까지 주문하면 이튿날 아침 7시까지 배송해주는 샛별배송은 고객의 열렬한 환호를 받았다. 마켓컬리의 고객들은 '마켓컬리는 사랑이에요'라면서 친구, 친지들에게 공유하고 추천한다.

커뮤니티를 만들고 그들이 뛰어놀 수 있도록 판을 제공해보자. 고객들의 피드백이나 의견, 아이디어 등을 진지하게 받아들이고 반영하면서 상호교류를 하자. 이렇게 고객들의 의견을 소중히 다룬다고 느끼면 밀레니얼 세대는 더욱 애정을 보이며, 그것은 충성심으로까지 이어진다. 그들은 기업이 성장하면 마치 자신이 함께 성장한 듯한 연결된 느낌까지 갖는다.

밀레니얼 세대 구성원은 어린 시절부터 연결과 공유, 공감에 익숙하다. 그들이 **조직에 들어와서 연결과 공유, 공감을 느낄 수 없다면 일하고 싶은 의욕도 생기지 않을 것이며 머지않아 조직을 떠나려 들 것이다.** 따라서 그들을 조직, 사람들과 연결시키는 노력을 기울여야 한다. 선마이크로시스템Sun Microsystems에서는 멘토링을 실시했는데 그렇지 않은 기업보다 밀레니얼 세대의 만족도가 높았고 이직률도 낮출 수 있었다. 멘토들이 멘티들에게 피드백을 준 덕분이었다.

멘토링 방법으로는 면대면 교류를 장려한다. IT기술의 발달로 사람을 직접 만날 일이 줄어들고 있지만 가능하다면 직접 만나서 교류하고, 캐주얼한 관계를 구축할 것을 권한다. 팀에 점심을 산다거나 맥주를 한잔 함께 마시는 것이다. 다만 이런 자리에는 스마트폰을 소지하지 말 것을 권고함으로써 대화와 교류에 집중하도록 할 수 있다. 밀레니얼 세대도 처음에는 이 아이디어를 좋아하지 않을 수 있지만 시간이 지나면 더 좋아할 것이다. 실제로 생산성을 높이고 시간을 가치 있게 사용할 수 있기 때문이다.

세대 간 연결고리를 찾아서 연결하는 것이 필요하다. 회사가 오늘날에 이르기까지 어떤 일을 겪어왔으며 현재의 제도와 시스템이 어떻게 구축됐는지 의미 있는 정보를 재미있게 알려준다. 또한 밀레니얼 세대가 자신이 세계의 중심이라고 생각하고 의기양양한 태도를 보이는 것을 부정적으로만 보지 말라. 다른 세대 역시 한때 세계의 중심이었고, 성과를 냈고, 세상을 바꾸려고 했다는 사실은 부드럽게 알려줄 필요가 있다. 세대 간 역지사지, 상호존중이 형성되도록 노력해야 한다. 서로를 이해하기 위한 세션을 가지는 것도 좋다. 예를 들면 '서로에 대한 이미지', '우리 세대의 자랑거리', '상대방은 우리 세대를 어떻게 볼 것 같다' 등의 주제에 대한 생각을 작성해 서로 주고받으면서 진솔하게 이야기를 나누어 본다면 세대 간 연결고리를 찾을 수 있다.

밀레니얼 세대에게 부족한 것을 잘 보완해주어야 한다. **그들은 조직이 자신들을 소중하게 생각하고, 조직의 일원으로 인정해준다는 느낌을 받길 좋아한다.** 처음 입사했을 때 분명하게 '우리 회사는 여러분을 소중하게 생각하며, 우리 회사에 오래 근무해주기를 진심으로 바란다'는 마음을 표현하기를 권하고 싶다.

재미있는 만화나 동영상으로 회사의 역사나 주요 이벤트 등을 알려주는 방법도 괜찮다. 밀레니얼 세대 사원들은 재미있는 것을 좋아한다. 따라서 웹툰의 형식을 빌거나, 자신의 선배들이 직접 만든 동영상이라면 매우 재미있게 시청할 것이다. 그리고 내용에 대해서도 더욱 몰입할 것이다. 이런 과정을 통해 밀레니얼 세대가 조직에서 자신들을 소중하게 여기며, 포용하고 싶어 한다고 느낀다면 그들은 더 쉽게 동기가 부여될 것이며, 만족감도 올라갈 것이다.

6 ──────────── 성장을 중시하고 열심히 학습한다

손가락이 보이지 않는 막내사원

정재훈 상무는 컴퓨터 앞에서 2시간째 작업을 하고 있다. 정 상무는 자신이 상당히 디지털 친화적이라고 자부한다. 천리안, 나우콤 등 PC통신이 나오던 1980년대 후반부터 통신을 사용하기 시작했고, 지금도 소셜미디어 등을 자유롭게 쓰고 있다. 타이핑도 빨라서 단체톡방에서 친구들의 탄성을 자아내기도 했다. 친구들 사이에서는 '디지털선구자'로 불린다. 동창모임에 가면 정 상무는 침을 튀기며 요즘 디지털기술의 변화에 대해 강의 아닌 강의를 한다. 유튜브도 열심히 시청한다. 유명한 유튜버가 누군지 이름도 댈 수 있다. 게임 하면 대도서관, 가수 하면 제이플라 아닌가. 흠흠…. 친구들에게 유튜브 동영상을 소개하기도 하고 좋은 자료는 공유하기도 한다.

사원들과의 관계도 좋다고 자부한다. 일단 신입사원이 들어오면 반드시 교육에 참여한다. 대학 때부터 유머감각이 있다고 자타가 인정하는 자신이 아니던가. 게다가 그 어려운 시절에 외국의 대학에서 MBA를 했고, 나름 식성도 서구적이다. 정 상무는 신입사원들과 식사할 때는 그들이 좋아하는 메뉴를 선택하도록 하고, 되도록 이야기를 들으려고 노력한다. 임원회의에서도 신세대 사원들을 이해하기 위해 더 노력해야 한다고 강조하고, 그들을 대변하기 위해 노력한다.

디지털선구자 정 상무는 지금 엑셀작업을 하고 있다. 사실 누구에게 시켜서 분석결과만 보고받아도 되지만 동년배 임원들처럼 그러고 싶지는 않다. 또래에 비해 자신이 엑셀 등을 이용한 데이터분석을 무척 잘한다는 사실에 자부심이 있다. 데이터를 볼 줄 알아야 패턴도 읽고, 환경에 대한 대응전략도 세울 것 아닌가. 막내사원이 관련 데이터를 잘 정리해서 보내주었기에 그것을 들여다보면서 이리저리 정렬하고 함수를 써가며 분석하고 있었다. 그러다가 의문이 생겨 막내사원을 자리로 불렀다.

"상무님, 제가 컴퓨터를 좀 만져도 될까요?"라며 양해를 구하더니 엑셀을 만지기 시작했다. 그런데 모든 작업을 단축키로 하는 게 아닌가. 정 상무는 사실 단축키는 잘 모른다. 막내사원은 생전 처음 보는 기능키까지 마구 사용했다. 타이핑이 빠르다고 자부하는 정 상무지만 막내사원의 손가락이 어찌나 빠른지, 어떤 키를 누르는지 어떤 기능을 사용하는지 도저히 따라갈 수가 없었다. 마음속으로 감탄인지 불안감인지 모를 감정이 스멀스멀 피어올랐다. '이놈은 도대체 뭐지? 내가 2시간 동안 씨름한 것을 순식간에 해치우는구나.' 내색할 수는 없어서 표정관리를 하고 있는데 막내사원이 진심 어린 표정으로 말했다.

"상무님은 정말 대단하세요. 저희 부모님에 비하면 상무님은 이런 엑셀도 잘 다루시고, 기술이 앞서가는 편이세요.”

　'내가 너희 부모님과 비교될 군번은 아니지. 나는 너희 부모님 세대는 아니야. 내가 부모님 연배로 보이니? 부모님 얘기는 꺼내지도 마!'라고 항변하고 싶지만 참았다. 갑자기 자신이 팍 늙은 노인네가 된 것 같은 기분마저 들었다.

　사실 요즘 디지털선구자로서의 명성에 금이 가고 있다는 생각이 종종 든다. 새로운 기기를 친구들보다 일찌감치 사용하는 덕분에 주변에서는 얼리어답터로 인정받고 있지만 점점 자신도 뒤처지고 있는 듯해서다. 그러던 중 며칠 후 또 막내사원을 부를 일이 생겼다. 전자책을 온라인으로 구매했는데 제대로 작동시킬 수 없어서 애먹다가 도움을 청한 것이다. 국내 포털사이트에서 전자책을 샀을 때 리더기를 다운로드받는 과정에서 좀 힘을 빼긴 했지만 그때는 그래도 큰 고생은 안 했다. 일단 전자책을 성공적으로 사본 경험이 있어서 이번에는 외국 출판사에서 전자책을 샀다. 하지만 리더기를 다운로드받느라 1시간 동안 씨름했다. 그 출판사의 기술자와 실시간으로 채팅하는 라이브챗live chat으로 가이드를 받았지만 문제를 해결하지 못했다. 다시는 전자책을 사지 않겠다고 다짐하다가 막내사원을 불렀다.

　그러자 막내사원은 휘리릭…. 마우스가 날개 단 듯 움직이고 손가락이 보이지 않을 정도로 빠르게 타이핑을 하면서 문제를 해결했다. 자존심이 상하는 것을 억누르고 “어떻게 한 거냐?”고 물었더니 “뭐 그냥 구글링해서 시키는 대로 했습니다. 간단하네요”라고 답했다. 그러면서 막내사원이 재미있는 얘기라면서 한마디 한다.

"미국에서 어떤 컴퓨터 기술자가 원래 자기 전공은 컴퓨터분야가 아니라고 했어요. 그런데 어떻게 컴퓨터 고치는 일을 하냐고 했더니 자신의 기술참고서는 구글이라고 말한 적이 있어요. 구글링하고 그것을 잘 따라하기만 하면 웬만한 건 다 고칠 수 있다는 뜻이죠. 하하하."

밀레니얼 세대는 일을 통해 성장하는 것, 그리고 새로운 기술이나 지식을 학습할 기회를 갖는 것을 매우 중요하게 생각한다. 그들에게 일의 의미와 취지를 잘 이해시키고, 일을 통해 조직에 기여한다고 느끼게 한다면, 그리고 기여한 데 대해 칭찬하고 인정해준다면 분명 동기부여가 될 것이다. 나아가 일을 더 잘하도록, 또는 진로에 도움되는 지식이나 기술을 새롭게 훈련받을 수 있도록 기회를 제공한다면 그들은 회사가 자신을 중요하게 생각한다고 여길 것이다.

하지만 여기서 기성세대가 주의해야 할 점이 있다. 그들이 말하는 성장기회가 무엇인지, 그들이 원하는 보상이 무엇인지 잘 알아야 한다. 그들이 원하는 배려와 상사, 임원들이 생각하는 배려가 다를 수 있다. 그리고 그들의 성장을 돕기 위해 무엇을 해야 할지에 대해서도 검토가 필요하다. 밀레니얼 세대는 자신의 성장을 위해 기업이 자원을 투입해야 한다고 생각한다. 예를 들면 역량을 개발하기 위해 코딩교육을 받는다거나 디지털 마케팅기법을 배우는 세미나에 참석하는 등의 활동을 하고 싶어 한다. 밀레니얼 세대는 회사의 교육, 훈련 등이 시대변화에 맞게 제공되기를 원한다. 만약 이런 기회를 회사에서 제공하지 않는다면 밀레니얼 세대는 기꺼이 개인 돈을 지불하면서까지 학습기회를 찾아 나선다.

이런 영향으로 유료콘텐츠를 구독하는 움직임이 늘어나고 있다. 유튜브와 같은 무료콘텐츠의 범람 속에 유료콘텐츠의 성장이라는 역설은 밀레니얼 세대의 특징을 대변한다.

공짜 유튜브시대에도
잘나가는 유료콘텐츠

미디어업계만큼 빠르게 변화하는 산업도 드물다. 전통언론, 즉 종이신문과 공중파방송의 점유율이 추락하는 가운데 미디어업계는 새롭게 재편되고 있다. 모든 미디어를 망라할 때 가장 높은 점유율을 보이는 미디어는 유튜브다. 스마트폰앱 분석업체 와이즈앱이 2016~2017년 2년 동안 한국인이 가장 많이 사용하는 앱 4개의 총사용시간 추이를 분석한 결과 유튜브가 1위에 올랐다.

이는 활자시대를 지나 영상시대로 접어들었음을 보여준다. 무료로, 언제 어디서나, 필요한 것은 무엇이든 보여주는 유튜브를 신세대가 '갓튜브'라고 부르는 것은 막강한 지배력을 방증한다. 뉴스, 엔터테인먼트, 학습, 개인의 사소한 취향 등 대중 전체를 아우르든 소수의 마니아를 겨냥하든 다 가능하다. 누구든 동영상을 만들어 올리고, 무엇이든 무료로 보는 세상. 모든 조직은 콘텐츠기업이어야 하고, 모든 개인은 미디어기업일 수 있는 세상. 이런 환경에서 온라인의 유료콘텐츠는 비즈니스모델이 될 수 있을까?

대답은 '그렇다'이다. 유료콘텐츠 웹사이트가 부상하고 있다. 영상콘텐츠 시대로 진입했다고 하지만 좋은 활자콘텐츠라면 승산이 있음을 몇몇 스타트업이 보여준다. 우리나라의 신개념 유료콘텐츠기업은 퍼블리[44]를 선두주자로 해서 아웃스탠딩[45]이 궤도에 올랐고 뉴닉[46] 등의 실험적인 콘텐츠웹사이트도 베타서비스를 시작했다. 퍼블리는 일하는 사람들의 콘텐츠플랫폼을 지향한다. 퍼블리의 박소령 대표는 언론 인터뷰에서 다음과 같이 밝혔다.

> 일하는 사람이라면 누구나 퍼블리멤버십을 가지는 세상을 꿈꿉니다. '머리를 비우고 싶을 땐 유튜브, 머리를 채우고 싶을 땐 퍼블리'라는 슬로건을 만들었어요. 배울 만한 지점이 있다면 어떤 아이디어든 다 담고 싶습니다.[47]

말하자면 영양가 없는 영상에 지친 사람들이 돈을 내고 글을 읽는 비디오디톡스를 통해 지적욕구를 충족시킨다는 의미다. 퍼블리가 서비스를 출시한 지 3년이 채 되지 않았지만 구독료 2만 1900원을 지불하는 구독자는 3000명에 이른다. 회원은 모든 콘텐츠를 볼 수 있다. 새로운 콘텐츠를 만드는 방식은 기존의 상식을 완전히 뒤집는다. 제작 후 유통이 아니라 선주문 후제작의 순

꼭 필요한 유료콘텐츠로 마니아를 확보한 퍼블리

서를 따른다. 먼저 기획안을 올려 회원들에게 '이 책이 나오면 사보겠냐'고 묻고 일정한 금액을 먼저 지불하도록 권유한다. 금액이 1000만 원이 넘으면 제작하는데 지금까지 100여 건을 성사시켰다. 인기 콘텐츠 1위는 '퇴사준비생의 도쿄'로 3000만 원이 넘었다. 2위는 '한국 대표스타트업과 투자자의 끝장토론'으로 1800만 원을, 3위는 '브랜드 마케터들의 이야기'로 1795만 원을 모았다.

멤버들은 퍼블리의 콘텐츠에 대해 일과 삶에 직결된 유용한 정보고, 수준이 있으며, 다루는 주제의 큐레이션이 취향저격인 신개념의 매거진이라는 찬사를 보낸다. 무료콘텐츠가 널린 세상이지만 퍼블리는 확고한 마니아층을 확보하고 있다.

IT전문 온라인미디어 아웃스탠딩 역시 콘텐츠를 유료로 제공하는데 깊이 있는 기사, 차별화된 분석, 업계트렌드의 핵심정보 등으로 마니아층을 확보했다. 대화체 기사, 본문 내 이모티콘과 아바타 삽입 등 시대의 흐름에 맞춘 새로운 형식을 보여주고 있다. 2015년 1월에 서비스를 시작했으며 월 9900원의 구독료를 내면 모든 콘텐츠를 볼 수 있다. 특히 IT, 스타트업에 전문성을 갖췄으며 연간 10여 차례의 이벤트를 개최 중이다. 아웃스탠딩은 2018년 12월 전자책업체 리디북스Ridibooks에 인수됐는데, 매체의 성격은 그대로 유지될 것이라 한다.

밀레니얼 세대를 위한 시사메일링이라는 콘셉트로 시작한 뉴닉은 '이제 뉴스의 홍수에서 우리가 대신 헤엄쳐드릴게요'라는 슬로건을 내세웠다. '이러다 오늘도 가장 유식하겠는데'라는 카피처럼 뉴닉은 밀레니얼 세대가 관심을 가지는, 그들이 꼭 알아야 할 뉴스를 큐레이션해서 월수금 아침 7시 메일로 보내주는 서비스를 하는 중이다.

소셜미디어를 통해 광고하는 각종 교육프로그램은 성황리에 진행된다. 코딩이나 프로그래밍, 창업, 또는 디지털기술 관련 교육프로그램이 개인의 적극적인 참여 덕분에 성공을 거두고 있다. 독서모임 기반의 커뮤니티를 표방하는 트레바리는 책을 좋아하는 사람들을 대상으로 읽고, 쓰고, 대화하고, 친해지기 위한 모임을 제공한다. 한마디로 유료 독서클럽인데 창업 3년 만에 회원 3000명을 확보하고 독서클럽 모임 장소도 서울 압구정, 안국에 이어 성수로 늘어났다. 돈 내는 독서클럽이 이렇게 놀라운 성장을 할 것이라고 누가 상상할 수 있었을까. IT대기업에 들어갔다가 1년 만에 퇴사한 윤수영 대표는 자신이 대학교 때 가장 좋아하고 잘했던 독서모임으로 창업했는데, 지적 목마름이 있던 마니아들의 열렬한 지지와 호응을 받고 있다.

　유료 독서모임이 이렇게 성공을 거둘 수 있었던 이유는 밀레니얼 세대의 특징에서 찾아볼 수 있다. 성장과 학습에 목마른 사람들이 많다는 것, 취향이 맞는 사람들끼리 모여서 공유하고 커뮤니티를 형성하는 것, 자신들이 좋아하는 프로그램을 친구나 친지에게 추천하고 공유하는 경향 등이 트레바리에 모두 도움이 됐다.

　기자출신으로 창업지원조직인 D캠프를 성공적으로 이끌었던 이나리 씨는 일하는 여성들의 프라이빗 멤버십클럽 헤이조이스Heyjoyce를 2018년 만들었다. 자신의 일과 경력을 고민하는 여성들에게 공간, 커뮤니티, 콘텐츠를 제공하는 유료서비스다. 멤버가 되면 라운지와 회의실, 서가, 팟캐스트 녹음실, 파우더룸, 요가스튜디오 등을 이용할 수 있다. 이곳에서는 관심사가 비슷한 멤버끼리 네트워크, 이직 및 창업, 경력전환 상담 등을 주고받을 수도 있다. 무엇보다 사업계획서 쓰는 법, 경력전환 방법 등 업무에 필요한 전문성이나 기술을 익히기 위한 목적으로 커뮤니티에 참석하는 경우가 많다.

　지적 호기심을 가진 밀레니얼 세대에게 수준 높은 강의와 커뮤니티를 제공하는 서비스가 부쩍 늘어나는 것도 이런 트렌드를 반영한다. 지식콘텐츠 플랫폼이라는 개념을 내세운 폴인Folin도 큰 관심을 얻고 있다. 폴인은 홈페이지에서 '다양한 지식과 경험을 지닌 Linker들이 공유하는 인사이트'를 제공한다고 밝히고 있다. 여기에는 '탁월한 창업가는 무엇이 다른가', '세상이 바뀌면 관점도 바뀌어야 한다', '세계미래보고서 2019', '나만의 콘텐츠가 필요하다', '일하는 방법이 바뀌어야 한다' 등 밀레니얼 세대에게 영향력을 미치는 인플루언서들의 지식과 노하우 등이 소개돼 있다.

활자매체도 여전히 매력 있다

기존의 종이신문이나 잡지는 모두 사라질까. 세계적으로 활자매체의 기세가 꺾이고 하향세를 보이는 것은 사실이지만 여전히 매력 있고 자신만의 영역을 확보할 수 있다고 보는 전문가들도 있다. 활자매체의 매력을 한껏 발휘하면서 세계 미디어시장을 놀라게 한《모노클monocle》이 대표적인 사례다. 글로벌이슈 및 라이프스타일 잡지《모노클》은 2007년 창간된 이후 지금까지 콘텐츠로 성공을 거두었다. 이에 힘입어 24시간 라디오방송, 웹사이트, 소매업, 미디어브랜드 분야로 사업을 확장했다.《모노클》은 캐나다의 기업가이자《파이낸셜타임스》의 칼럼니스트, 잡지《월페이퍼*Wallpaper*》의 창간자인 타일러 브륄레Tyler Brule가 만들었다. 브륄레가 공항서점에서《보그》와《이코노미스트》가 잘 팔리는 것을 보고 두 잡지를 합친 잡지를 창간했다는 말이 있을 정도로《모노클》은 국제이슈, 비즈니스, 문화, 디자인, 패션 등 다양한 내용을 다룬다.

2017년《모노클》창간 10주년을 맞던 해, 런던 하얏트리젠시

높은 완성도로 여전히 인쇄매체의 매력을 보여주는 《모노클》

호텔에서 모노클미디어서밋Monocle Media Summit이 열렸다. 주제는 '인쇄매체는 죽지 않았다Print is Not Dead'였다. 퍼블리가 이 행사를 취재한 보고서에 따르면 "여전히 인쇄매체에서 수익이 가능한가" 라는 질문에 《모노클》의 편집장 앤드류 턱Andrew Tuck은 다음과 같이 대답했다.[48]

《모노클》은 9명으로 시작해 120명으로 성장했고, 매년 이익을 내고 있다. 《모노클》의 지난 2016년 광고수익은 사상 최고액을 기록했다. 《모노클》뿐 아니라 다른 출판물도 전반적으로 실적이 좋다. 그동안 지겹게 들은 '인쇄매체는 죽었다'라는 말이 이제는 더 이상 들리지 않는다.

실제로 《모노클》은 잡지의 형식과 서적의 내용을 절충한 새로운 형태의 출판물인 무크(mook: magazine과 book의 합성어)인데 생명이 짧은 잡지에 비해 유효기간이 길다. 《모노클》의 다음 호가 나오면 이전 호의 가격이 오히려 2배로 뛴다고 한다. 무크가 갖는 무게감 외에도 《모노클》의 특징 중 하나는 바로 그래픽디자인이다. 초대 아트디렉터인 켄 렁Ken Leung은 《모노클》의 디자인철학에 대해 "고개를 절로 끄덕일 정도로 훌륭한 스위스 그래픽디자인"이라고 표현했다. 《모노클》은 스위스의 완성도 높은 시계처럼 각종 글꼴과 일러스트레이션을 통해 높은 수준의 디자인을 구현하고자 했고, 결과적으로 주요 독자층이 만족할 만한 품질과 그에 걸맞은 높은 가격을 동시에 유지하는 데 성공했다.

신세대 사원에게 묻기 시작하는 기업들

LG화학의 박진수 부회장과 임원, 공장장 등은 임원리더십 워크숍에서 '밀레니얼 세대와의 행복한 동행'을 주제로 한 특별한 세션을 가졌다. 신입사원 6명이 강사로 나서 토크쇼 형태로 밀레니얼 세대의 바람, 일하는 방식 등에 대해 강의했다. LG화학의 임직원 중 20~30대의 비율이 60퍼센트에 이르면서 박진수 부회장은 수평적인 조직문화 정착을 위해 많은 노력을 기울이고 있다. 세대 간 오해를 줄이고 원활한 소통을 위해 이런 자리를 마련했다.[49]

2018년 9월 LG화학은 임원리더십 워크숍에서 6명의 신입사원으로부터 강의를 들었다. 신입사원들은 임원들에게 밀레니얼 세대에 대한 동기부여 방법에 대해 강의했다. "젊은 세대에게는 일과 개인적 삶의 균형이 무엇보다 중요하다", "일방적인 지시의 소통이 아니라 서로를 존중하고 배려하는 방식의 소통이 필요하다", "하루에 세 번 칭찬하기 등과 같이 횟수를 정해놓고 후배의 사소한 것에 대해서도 칭찬을 해주고 가끔은 후배에게서 노하우와 최신 트렌드를 배우는 것도 서로가 소통하는 데 도움될 것이다" 등의 내용이 나왔다. 그 외에도 박진수 부회장은 '스피크업 Speak-up'이라는 행사를 통해 직원들이 허심탄회하게 의견을 말하고 새로운 아이디어를 제안하는 활동을 진행하고 있다. LG화학은 전기차배터리, 바이오, 신소재 등을 신성장동력으로 키우면서 실적도 좋을 뿐만 아니라 임직원의 수도 크게 늘고 있다.

밀레니얼 세대를 이해하고 싶다면 그들의 의견을 많이 물어야 한다. 부하 또는 신입직원에게 묻는 것이 익숙하지 않다면 매우 어렵게 느껴질 수 있다. 밀레니얼 세대는 자신들이 개별적으로 인정받기를 원하고, 회사의 미션에 기여하기를 원하므로 그들에게 기회를 주도록 한다. 그들은 자신이 기여하는 곳에 대해 주인의

식을 갖는다. 그들의 아이디어, 생각, 의견을 자주 묻고 그들이 말할 때 귀 기울여 들어야 한다. 그리고 업무를 위임하고, 그들이 결정할 수 있는 자유를 제공해야 한다. 그들이 업무에서 재미를 느낄 수 있도록 잘할 수 있는 업무에 대한 재량권을 주는 것이다. 물론 처음에는 슬쩍 힌트도 주고 코칭을 해줄 수도 있겠지만 오랜 시간이 걸리지 않을 것이다. 이들은 워낙 속도가 빠르고 멀티태스킹에 능한 종족들이기 때문이다.

6

밀레니얼 세대는 어떤 부분에서는 강점을 가지고 있지만 또 어떤 부분에서는 부족하다. 대체로 디지털기술의 변화를 잘 따라잡고, 인터넷 등 IT기기를 다루는 데 능숙하며, 온라인 및 글로벌 세상에서 공유하고 연결하는 것을 잘한다. 넓디넓은 정보의 바다에서 자신이 원하는 것을 기가 막히게 찾아내며, 싼 가격에 좋은 물건을 사는 것에 익숙하다. 하지만 그들은 사람들과의 커뮤니케이션, 특히 얼굴을 마주보고 의견을 표현한다거나 자신의 제안을 발표하는 등의 기술이 부족하다. 자신의 감정을 정확하게 이해하고, 상황에 맞게 적절하게 통제하는 것에 약하다. 또 비즈니스에티켓 등을 잘 알지 못하며 조직의 역사 및 배경, 선배와 상사들이 어떤 일을 해왔고, 어떤 어려움을 헤쳐왔는지 알지 못한다. 맥락파악에 취약한 면도 갖고 있다.

밀레니얼 세대 사원들에게 부족한 것을 잘 알려주고 그것을 보완하도록 도와주어야 한다. 모른다고 윽박지르거나 질책하는 태도를 보이지 말고, 잘 설명해서 보완하도록 피드백을 해주면 효과가 있다. 그들이 조직생활의 경험부족에서 오는 일시적 시행착오를 바로잡을 수 있도록 도우면 기성세대보다 더욱 빨리 성장할 수 있다. 밀레니얼 세대 4명 중 3명은 자신의 경력을 개발하고 성장시키는 기회에 대한 관심이 있었고, 87퍼센트의 밀레니얼은 좋은 직업을 전문성을 개발시킬 수 있는 것으로 보았다. 그러므로 조직의 관리자는 밀레니얼 세대의 성장을 위해 투자해야 한다. 이것이 그들에게 소속감을 느끼게 하며 회사에 가치를 가져오게 한다. 밀레니얼은 잘 배운다. 전문가를 초청해 교육을 한다거나, 컨퍼런스에 참석하는 기회를 제공한다거나, 정기적인 훈련 프로그램을 개최하는 등의 투자를 해야 한다.

직원들이 성장하고 학습하려는 욕구가 있다면 어떻게 해야 할까. 일을 통해 성장하는 것이 가장 바람직하다. 기존의 직무를 다시 정의하면서 직무설계를 해보기를 권한다. 그런데 더 필요한 것은 조직구조의 변화일지 모른다. 관료적 조직구조에서 밀레니얼 세대 직장인들은 배우는 것은 하나도 없고 일만 한다고 느끼기 쉽다. 사원이나 대리만 일하고 중간관리자 이상의 두터운 관리자들은 펜대를 들고 수정이나 하고 있다면 더욱 그럴 것이다. 모두 일하는 조직을 만들되, 필요한 기술이나 교육이 있다면 체계적으로 시행하라. 이런 교육프로그램을 회사 내에서 실행하는 데 많은 시간과 노력이 필요하다면 아웃소싱하는 것도 좋다. 특히 최근에는 온라인교육 업체가 크게 성장해 다양한 프로그램을 비싸지 않은 가격으로 제공한다. 직원들에게 교육비를 지원해준다면 만족감을 크게 올릴 수 있다.

밀레니얼 세대는 피드백을 좋아한다. 하지만 그들이 원하는 만큼 충분히 피드백을 주는 기업이 많지 않다. 피드백을 구체적으로 제대로 해주려면 시간과 노력이 필요하다. 이를 시스템적으로 구축하기 위해서는 CEO의 각별한 노력이 필요하다. CEO는 임원들에게, 임원은 팀장들에게, 팀장은 팀원들에게 피드백을 해야 한다. 평가기간 동안 관찰하고, 기록한 것을 구체적이고 명료하게 전달해야 한다. 특히 실적이 나쁘다, 태도가 불성실하다 등의 막연하고 불확실한 피드백을 하지 않도록 피드백 방법에 대해 기성세대를 교육시킬 필요가 있다. 지금까지 평가 및 피드백에 대해 심각하게 검토하고, 제대로 전달하려고 노력해왔는지 확인하고 체계를 갖추려고 노력해야 한다.

피드백은 적극적으로 해주는 것이 좋다. 밀레니얼 세대는 자신들이 제대로 해내고 있는지, 잘 성장하고 있는지, 일하는 방식을 바꾸는 것이 필요한지 등에 대해 알고 싶어 한다. 밀레니얼 세대는 칭찬을 많이 받고 자랐기에 늘 칭찬에 목말라 하는 편이다. **칭찬을 할 때는 정확하게 무엇을 잘했는지 구체적으로 칭찬하는 것이 효과적이다.**

더욱 중요한 것은 잘못된 일에 대해 피드백하는 것이다. 밀레니얼 세대는 비판이나 부정적 피드백에 익숙하지 않기에 가혹하게 야단을 치거나 인신공격성 발언을 하는 것은 매우 좋지 않다. 상사의 무례하고 가혹한 태도를 밀레니얼 세대는 견뎌내지 못한다. 따라서 부드러운 톤으로 사실을 이야기하는 방식이 바람직하다. 전문가들은 밀레니얼 세대에게 부정적 피드백을 할 경우에는 먼저 '자신에 대해 스스로 평가해보라'고 제안하는 것도 괜찮은 방법이라고 한다. 즉 스스로의 장점과 단점에 대해 이야기하면서 마음을 열고 대화할 준비를 하게 하는 것이다. 자기평가를 토대로 이야기를 시작하는 것은 부정적 피드백에 대해 객관적으로 받아들일 수 있도록 한다.

또한 중요한 부분은 고객과의 연결이다. 고객의 피드백이 중요한 이유는 바로 이것 때문이다. 고객과 연결시키는 일은 밀레니얼 세대로 하여금 자기 일에서 의미를 찾고, 앞으로의 방향을 찾는 데 도움을 준다. 예를 들면 더부스는 방송프로그램, 출판사, 각종 브랜드 등 다양한 업체와 60건 넘는 협업을 진행했다. 배달앱 배달의민족이 주최한 치믈리에이벤트와 협업해 치믈리에일 맥주를 출시하기도 했다. 이벤트에서 선발된 치킨맛 감별사 119명과 함께 치킨과 가장 잘 어울리는 맥주를 개발한 것이다. 이런 활동은 더부스에 속한 구성원들에게 자부심, 소속감 등을 느끼게 해준다.

마지막으로 이직하는 밀레니얼 사원에게도 진지한 태도로 물어보기 바란다. 회사를 떠나겠다고 하면 당황하거나 화내지 말고, 진심으로 의견을 경청하는 것이 필요하다. 왜 떠나는지 진지하게 물어본다면 조직의 문제점을 진단하고 조직문화를 개선하는 데 참고할 수 있다. 만약 그들의 피드백을 이용해 조직문화를 변화시키지 못한다면 밀레니얼 세대를 조직에 두는 데 어려움이 있을 것이다.

7 ——————— 속도와 혁신은
자연스럽고 당연한 것

언제부턴가 고객도, 직원도 멀어져간다

유통업체 지점의 관리를 맡은 임원 김정희 씨는 베이비붐 세대의 마지막에 위치한 1960년대 출생자다. 입사할 때는 우리나라의 경제개발이 막 성장가도를 달리던 1980년대였다. 취직이 그렇게 어렵지 않았고, 입사 후에는 정말 선공후사先公後私의 정신에 입각해 열심히 일했다. 회사 일을 내 일처럼 하다보니 오너의 인정을 받아 임원을 달았고 지금은 전국의 지점총괄을 맡고 있다.

팀에는 30명 안팎의 직원이 있고 400여 명의 지점장들이 그의 지시를 받는다. 최근 지점의 매출이 전반적으로 하락추세에 있어 고민이다. 제품의 구성 등을 포함, 영업전략을 전반적으로 수정해야 할 때라는 생각이 든다. 하지만 어디서부터 어떻게 손을 대야 할지 감이 잡히지 않는다. 온라인지점이라는 이름으로 웹사이트를 연 지는 10여 년이 되어간다. 3~4년 전부터는 모바일로의 전환이 필요하다고 해서 앱까지 만들었지만 어떻게 된 건지 판매추세가 오히려 꺾었다. 온라인으로 가면서 둔화되기 시작한 매출액이 앱으로 전환한 시점부터 더욱 크게 감소하고 있다. 분명 문제가 있는데 무엇인지는 선명하지 않다. 기술과 자원을 많이 투입했는데도 경쟁사로부터 역전을 당했다.

경쟁사는 김 씨가 다니는 회사보다 규모도 작고 역사도 짧아서 경쟁사라기보다 동생 같은 회사였다. 그러나 앱이 히트하면서 부쩍 성장하고 있다. 게다가 주로 젊은 고객들이 경쟁사의 앱에 대해 충성심을 보인다. 고객이 자신의 친구에게 앱을 권유하고 정보를 공유함으로써, 고객이 고객을 부르는 현상이 나타난 것이다. 경쟁사 앱의 사용자수와 매출액은 가파르게 올라가고 있다. 도무지 이해하기가 힘들다. 김 씨가 보기에 경쟁사나 본사의 앱이나 별 차이가 없다. 오히려 상품다양성은 김 씨 회사의 앱이 더 낫다. 도대체 무엇 때문에 경쟁사의 앱이 잘나간단 말인가.

출근길에 김 씨는 오전 7시에 있을 전국 지점장회의에서는 좀 더 강하고 추진력 있는 모습을 보여야겠다고 생각한다. 지점장들은 거의 대부분 50대 이상의 중장년층이다. 김 씨와는 적게는 10년, 많게는 30년을 함께 일해온 사람들이다. '아' 하면 '어' 할 정도로 말이 통하고 신뢰도 쌓여 있다. 김 씨가 가장 자부심을 느끼는 실적이다. 그는 지점장들의 의견을 최대한 반영하려고 노력해왔고 앞으로도 그럴 계획이다. 그들은 현장의 말단에서 고객을 상대하면서 지내온 백전노장들이다. 그들의 의견이나 노하우야말로 가장 소중하다. 하지만 최근 그들의 의견을 듣고, 열심히 반영해도 고객에게 가까이 다가가는 느낌이 들지 않는다. 오히려 고객과의 접점이 줄어드는 것 같다. 10년 전까지만 해도 고객의 반응과 피드백이 손에 잡히듯 명확했는데 언제부턴가 희미해졌다.

　문득문득 은퇴를 해야 할 때라는 생각이 든다. 30여 년 넘도록 쌓아온 경험과 노하우에 자부심을 느끼는 그는 회사를 떠나기 전에 젊은 직원들에게 전수해야겠다 싶어서 지속적으로 노력 중이다. 회의에서도 자신이 성공적으로 이끌었던 프로젝트, 지점장들의 동기를 부여하는 법, 시장이 척박하던 시절 어떻게 고객의 마음을 감동시켰는지 등을 이야기하느라 바쁘다. 시간이 없다는 생각에 초조하기까지 하다. 그런데 막상 직원들은 진심으로 마음을 열고 이야기를 듣는 것 같지 않다. 회의를 2시간 넘게 해도 개운하지 않다. 자리에 연연하지 않는 쿨한 모습을 보여주고 떠나려 하지만 직원들은 믿지 않는 눈치다.

　그나저나 고객의 마음이 왜 떠났는지 이해되지 않는다. 도대체 고객은 누구며 왜 멀어졌을까. 직원들 중에는 왜 나처럼 고민하는 사람이 없을까. 왜 나처럼 치열하게 노력하지 않는 것일까.

　밀레니얼 세대에게 속도와 혁신은 마치 물과 공기처럼 당연하게 여겨지는 개념이다. 이들의 시간개념은 베이비부머나 X세대와 다르다. 디지털세계를 일상으로 경험하고 자란 그들은 느린 것을 참기 어려워한다. 1초당 500만~6500만 비트의 데이터전송이 가능한 초고속망을 통해 인터넷에 접속한다. 구글은 10억 분의 1초 내에 그들의 질문에 답한다. 따라서 그들의 속도감각은 베이비부머들과는 많이 다르다.

디지털네이티브로서 밀레니얼 세대는 채팅이나 인스턴트메시지에 대한 응답이 빨리 이루어지기를 기대한다. 특히 카카오톡이나 페이스북 메신저 등의 채팅창에 상대방이 메시지를 읽었다는 표시가 뜨면 답장에 대한 기대감이 더 커지고, 만약 답장이 없으면 자신이 무시당했다고 여기기까지 한다.

이런 특성을 가진 디지털네이티브를 고객으로 대하려면 속도가 중요하다. 이들은 자신이 주문한 물건이 빨리 배송되기를 원한다. 배송이 시작됐는지, 어디쯤 오고 있는지 바로바로 알고 싶어한다. 또 홈페이지에 질문을 남겼다면 대응이 빨리 이루어지기를 원한다. 자신의 질문에 하루 이틀 지나도록 답이 없다면 신뢰할 수 없는 기업으로 생각한다. 반면 자신의 질문에 빨리 응답하고, 센스 있게 일을 처리하는 기업에 대해서는 높은 호감도를 보인다.

샤오미의 공동창업자 리완창은 사용자들이 원하는 서비스를 한마디로 이렇게 요약한다. "빠른 배송, 즉각적인 응답, 신속한 문제해결." 좋은 서비스의 핵심은 신속함에 있다는 것이다. 샤오미는 24시간 내 배송을 지키기 위해 여러 물류사들과 배송서비스 업그레이드에 관한 계약을 체결하고, 물류창고를 6개에서 10개로 늘렸다. 배송업체를 선택할 때도 신속이 최우선이고 비용은 그다음이었다. 샤오미는 1시간 내 수리 및 배상 서비스를 내세웠는데, 만약 수리의뢰를 접수한 시각부터 1시간 내에 수리가 끝나지 않을 경우 20위안(약 3300원) 상당의 상품권을 제공한다.

밀레니얼 세대는 또한 짧은 시간 내에 기술이 업데이트되고,

제품이 업그레이드되는 것에 익숙하다. 그들은 혁신을 사랑하는 세대다. 그 영향으로 스마트폰의 기능은 6개월이 채 안 되는 짧은 기간마다 새롭게 업그레이드되고 TV, 모니터 등 각종 전자제품의 기능은 미처 따라가기 어려울 만큼 빨리 발전한다. 사물인터넷과 인공지능 등의 발전으로 우리는 혁신이 일상이 되어버린 시대에 살고 있다. 인공지능이 장착된 스피커로 대화를 주고받고 일정을 체크하며 음악을 듣는 일은 이들 세대에게 전혀 새롭지도 놀랍지도 않다. 돈 탭스콧이 어느 강연에서 "우리가 냉장고를 두려워하지 않듯 디지털네이티브 세대에게 디지털기술은 전혀 두려운 대상이 아니다"라고 말한 것처럼 이들에게 디지털환경은 그냥 편안한 일상일 뿐이다.

소비자로서의 밀레니얼 세대는 새로운 제품과 기술을 받아들이는 데 익숙하므로 기업은 자신들의 제품과 서비스를 지속적으로 혁신해야 한다. 하지만 이들의 욕구를 지속적으로 충족시키기란 쉽지 않다. 따라서 이들을 제품을 생산하는 과정에 참여시키고 이들이 혁신에 기여하도록 커뮤니티를 만드는 등 판을 깔아주는 것이 중요하다.

같이 속도를 내려는 세계적 기업들

밀레니얼 세대의 속도감각에 발을 맞추려는 기업들의 움직임도 활발하다. 한국후지필름은 디지털이미징 기술이 결합된 하이브리드 즉석카메라 '인스탁스 스퀘어 SQ10'을 내놓았다. 정사각형 모양의 프레임을 갖춘 이 제품은 액정표시장치LCD로 테스트 촬영과 그 결과의 확인이 가능하다. 촬영전후에 다양한 편집과 보정이 가능한 것도 특징이다. 또한 기존과 달리 직사각형만이 아닌 정사각형 사진도 출력할 수 있다. 이 카메라는 사진을 멋지게 찍어서 소셜미디어에 공유하는 데 큰 즐거움을 느끼는 밀레니얼 세대에게 맞춤상품인 셈이다.

LG전자는 1인칭슈팅게임FPS과 같은 실시간 온라인게임에 열광하는 밀레니얼 세대의 니즈를 반영한 일명 'LG 게이밍노트북'을 출시했다. 사실 이 제품의 사양이 게임을 즐기는 밀레니얼 세대에게 얼마나 중요한지 아는 사람은 안다. 삼성전자 역시 밀레니얼 세대를 겨냥한 '삼성노트북 플래시'를 출시했다. 차별화된 디자인, 속도, 그리고 레트로 감각 등으로 밀레니얼 세대에게 어필하고자 노력했다. 기업들은 이런 요소들이 속도와 혁신을 중요시하는 밀레니얼 세대에게 어필할 것으로 기대하고 있다.

더 큰 변화가 유통업에서 일어나고 있다. 2018유통산업포럼에서 김연희 보스턴컨설팅그룹BCG 아시아태평양 유통부문 대표는 "밀레니얼 세대는 더 이상 롯데, 신세계를 선호하지 않습니다. 쿠팡이나 위메프를 더 많이 이용하죠"라고 설명했다. 김연희 대표는 오프라인 유통시장에서 성공했던 대기업들이 후발주자들에 비해 가장 경쟁력이 떨어지고 있는 점으로 속도를 꼽았다. 그는

"고객들은 빠른 변화를 원하는데 대기업들은 과거에 구축된 시스템을 개혁하기가 쉽지 않습니다"며 "해외에서도 월마트와 까르푸 Carrefour, 베스트바이Bestbuy 등 기존의 오프라인 대형 유통기업들이 아마존 등에 밀려 쇠퇴하고 있습니다"라고 지적했다.

현재 국내의 대형 유통업체 중 가장 빠르게 대응하고 있는 곳은 신세계다. 신세계는 온라인전용쇼핑센터NEO, Next Generation Online store를 시작했는데 큰 호응을 얻고 있다. NEO 2호점의 경우 하루 주문 건수가 2만 건에 이르고 연간 매출액이 4000억 원을 기록하고 있다고 한다. 신세계는 IT개발 인력을 확충하고 전담부서에 대한 투자를 확대해 현재 SSG만의 빅데이터 시스템을 구축함으로써 최단시간 배송체계를 만드는 데 노력을 기울이고 있다.

밀레니얼 세대의 속도에 호응하는 온라인쇼핑몰의 대표적 사례는 쿠팡의 로켓배송이다. 로켓배송은 이커머스업체인 쿠팡이 2015년 소프트뱅크의 투자유치를 계기로 선보인 빠른 배송이다. 정오 이전에만 주문하면 당일 배송해주는 시스템은 이커머스업계를 뒤흔든 신호탄이 됐다. 많은 논란과 적자 등의 어려움에도 불구하고 시장점유율을 늘릴 수 있었던 것은 로켓배송이 속도를 중시하는 신세대의 요구와 맞아떨어졌기 때문이다.

속도와 함께 혁신도 밀레니얼 세대 고객에게는 중요하다. 혁신은 IT기업에만 해당되는 것은 아니다. 명품브랜드 구찌가 젊은 감각을 도입함으로써 새롭게 살아난 스토리는 모든 업종에서 혁신이 필요하고, 혁신이 가능함을 보여준다. 구찌의 부활은 최근

구찌는 독특한 디자인으로 밀레니얼 세대의 브랜드가 되었다.

수년간 명품 업계의 최고 뉴스였다. 3~4년 전만 해도 구찌는 한물 간 브랜드로 여겨지며 매출감소로 위기를 겪었으나 밀레니얼 세 대를 성공적으로 공략한 결과, 지난해 루이비통에 이어 매출기준 세계 2위 명품브랜드로 떠올랐다.

프랑수아 피노François Pinault 회장은 언론 인터뷰에서 "명품 시 장은 큰 변화를 겪고 있다. 과거 핵심이던 오랜 전통과 명성, 장인 정신은 이제 당연한 조건이 됐다. 젊은 소비자들은 독창성에서 나 오는 감성을 원한다. 위험을 감수해야 한다는 뜻이다. 구찌의 변 신을 보라. 우리는 구찌를 재정의했고, 지금 그 결과를 보고 있다" 고 설명했다. 피노 회장은 구찌의 혁신을 위해 2015년 마르코 비자 리Marco Bizzarri를 CEO로 임명했고, 마르코 비자리는 알레산드로 미 켈레Alessandro Michele를 크리에이티브 디렉터로 발탁했다. 미켈레는

꽃과 나비, 뱀 등 현란한 장식과 과장된 복고풍에 현대적 감성을
결합한 독특한 디자인으로 젊은 소비자들의 열광적인 호응을 얻
었다.

이와 함께 밀레니얼 세대 고객과의 진정성 있는 소통에 많은
노력을 기울였다. 환경이나 인권 등에 민감한 밀레니얼 세대의 성
향에 맞게 구찌는 친환경, 여성인권 보호 등에도 많은 노력과 자원
을 기울였다. 2017년 구찌의 매출은 전년대비 무려 80퍼센트 늘어
62억 유로(약 7조 9900억 원)를 기록했다.

속도와 혁신이 수평적 문화로 이어지다

속도와 혁신은 자연스럽게 밀레니얼 세대를 수평적 문화에 익숙
해지게 했다. 빠르게 변화하고 새로운 발전을 거듭하는 디지털기
술의 시대에 수직적 위계질서와 관료적 체계는 어울리지 않는다.
소셜미디어를 통한 대화는 수평적이고 즉각적이다. 한국뿐만 아
니라 전 세계와 연결돼 소통하는 것이 익숙한 밀레니얼 세대에게
소셜미디어에서 상대방의 나이나 직급을 고려하면서 대화하는
것은 어색하고 불편하다. '님'이라는 호칭이 신세대 인터넷 사용
자들 사이에 널리 사용되는 것은 당연하다.

밀레니얼 세대에게 대화는 인터넷채팅이다. 사람과 사람이
서로 만나 얼굴을 보면서 말하는 것을 제대로 된 대화로 여기는 것

은 베이비부머 세대의 개념이다. 예전 세대와 달리 밀레니얼 세대는 채팅을 선호한다. 바로 옆에 앉아 식사를 같이하는 딸이 아빠에게 스마트폰 채팅으로 말하는 광고가 등장한 것도 이런 풍조를 보여준다.

어느 기업의 40대 부장이 자기 부하직원들은 통 대화를 하지 않는다고 걱정하자 다른 팀의 팀장이 "부장님만 채팅방에 초대가 안 된 거겠죠"라고 알려줬다는 우스갯소리도 현실을 반영한다. 면대면 대화는 밀레니얼 세대에게 아주 익숙하거나 편안한 방식이 아니다. 짧고, 가볍고, 즉흥적인 대화로 가득한 채팅방이 밀레니얼 세대의 대화방식이다.

어린 시절부터 즉흥적이고 수평적인 커뮤니케이션에 익숙한 밀레니얼 세대는 회사에 입사하는 순간 당혹해한다. 갑자기 큰 조직 속의 최하위층에 위치하면서 직급과 나이 등에 따른 위계질서에 편입되기 때문이다. 게다가 "시키면 시키는 대로 하라"는 일방적인 지시나 커뮤니케이션은 몹시 불편하고 부당하다고 느낀다. 회사의 일하는 방식, 상사의 사고방식 등이 이해되지 않고, 자신이 생각하기에 합리적이지 않다면 더욱 힘들어진다. '너는 아무것도 모른다'는 생각을 숨기지 않은 채 지시하는 상사의 얼굴은 밀레니얼 세대로 하여금 이직을 떠올리게 만든다. 조직이 크고, 오래되고, 관료적 조직문화가 지배적인 회사일수록 밀레니얼 세대를 포용할 여지가 적다. 이런 조직의 경우, 밀레니얼 세대가 회사에 입사하는 순간부터 퇴사를 꿈꾼다는 말이 과장만은 아니다.

스타트업의 수평적 문화를 도입하라

　큰 기업들은 신세대 인재를 채용하고, 유지하기 위해 변화해야 할 상황에 직면해 있다. 그들은 직원들에게 보다 독립성을 보장하고, 더욱 의미 있는 업무를 제공하며 발명과 혁신할 자유, 유연근무 등을 제공하기 위해 노력해야 한다. 즉 큰 기업과 스타트업의 장점을 모두 제공할 수 있어야 한다는 의미다. 즉 글로벌 기업이나 큰 기업은 매우 자유로우면서 창의성과 기업가정신이 발휘될 수 있는, 여러 개의 자율적인 하위조직으로 구성돼 있어야 한다.[50]

　지금 글로벌기업들은 조직구조를 유연하게 하고 수평적 조직문화를 만들기 위해 노력 중이다. 지금까지 혁신을 통해 성장해온 글로벌 대기업들이라 해도 한편으로는 관료주의적이고 절차중심의 위험회피 문화를 가진 경우가 많다. 이런 조직구조는 밀레니얼 인재로 하여금 '답답하다', '나의 성장을 가로막는다'고 생각하게 한다. 최근 대기업의 많은 관심을 받은 '린스타트업Lean Startup'이라는 개념이 있다. 에릭 리스Eric Ries가 주창한 것으로, 아이디어를 빠르게 최소요건 제품으로 제조한 뒤 시장의 반응을 본 다음 제품개선에 반영하는 전략을 의미한다. 이 개념은 신생 스타트업 창업자들에게 커다란 호응을 받았고 많은 스타트업이 이를 실천했다. 그런데 글로벌기업들도 빠른 환경변화에 대응하기 위한 방법으로

린스타트업에 주목하고 있다. 큰 조직의 장점뿐만 아니라 작은 조직의 장점까지 갖추지 않으면 장기적으로 지속할 수 없다고 판단해서다. 대기업들은 조직 안에 스타트업과 같은 하위조직을 여러 개 만드는 방법으로 스타트업의 민첩성을 도입하고 싶어 한다. 독립적이며 자율적인 작은 조직이 프로젝트를 수행함으로써 기존 조직의 관료적 체질이나 관행을 벗어나도록 하는 것이다.

밀레니얼 신입사원에게 독립적인 프로젝트를 맡기는 대기업도 있다. 글로벌기업이지만 혁신의 DNA를 잃지 않으려고 노력하는 P&G는 밀레니얼 신입사원들에게 중요한 실무를 맡긴다. 이 과정을 통해 신입사원은 직무에 대한 전문성과 역량을 접하는 일련의 과정을 거치고, 실제로 본인이 하는 일이 회사에서 어떤 의미가 있으며 어떤 위치에 있는지 등을 생생하게 깨닫게 된다. 특히 발전 가능성이 높은 신입사원에게는 목표직위를 정하게 하고 목표달성을 위한 최적의 경력경로를 설계할 수 있도록 했다.

그들의 커뮤니케이션통로 활용법

중앙대학교 조재희 교수는 '현대조직 사회에서 뉴미디어와 소통'에서 "밀레니얼 세대는 대인관계 유지를 위해 페이스북을 사용하고 자기표현을 위해 인스타그램을 이용하며, 자신의 커리어를 PR하기 위해 링크드인을 사용한다"고 말했다. 이처럼 밀레니얼 세대 직장인들은 쌍방의 수평적이고 자유로운 커뮤니케이션에 익숙하므로 회사 내에서도 즉각적인 피드백과 일상적인 커뮤니케이션을 기대하고 있다.[51]

밀레니얼 세대와 대화할 때는 그들의 언어, 커뮤니케이션통로, 관심사를 활용하는 것이 효과가 높다. 밀레니얼 세대는 이메일을 거의 사용하지 않는다. 그들은 메신저, 페이스북, 인스타그램 등의 소셜미디어를 사용하기 좋아하므로 그것을 디폴트로 받아들여야 한다. PA컨설팅의 디지털 전문가 댄 로스너Dan Rossner는 "조직의 보수적인 계층에게 디폴트는 소셜미디어를 안 하는 것, 노출을 최대한 적게 하는 것이지만 밀레니얼 세대는 그렇지 않다. 그들은 적극적으로 소셜미디어를 활용하는 것에 익숙하므로 그에 맞는 회사의 정책이나 행동방식이 정해져야 한다"고 말했다.

글로벌정유사인 코노코필립스ConocoPhillips의 경우 신세대가 적극적으로 참여하고 아이디어를 낼 수 있는 온라인토론장으로 큰 도움을 받았다. 이 회사는 11년간 열두 번의 인수합병을 거쳤지만 전 세계에 걸쳐 잘 운영되어왔다. 기술적 문제뿐만 아니라 조직과 조직 간 문화차이 등 해결해야 할 문제가 산적해 있었지만 온라인토론장 덕분에 잘 해결할 수 있었다. 이곳에서는 누구나 의견을 달고 답을 제시할 수 있다. 만족스러운 해결책이 나타나면 그 문제에 대한 토론장은 닫히고 문서보관소로 저장된다. 이 회사의 임원, 선배들이 신입사원들을 여기에 적극적으로 참여하도록 정보를 공유하고 의견제시를 격려하고 동기를 부여한 것이 성공의 핵심이다.

보더폰은 신세대 영업사원의 교육을 위해 교육용 컴퓨터게임을 개발했다. 영업에 필요한 기술이나 의사소통 등을 익히는 내용이 담겨 있는데 포인트를 쌓고 서로 비교하면서 누가 1등을 차지했는지 파악하는 게임요소를 넣은 것이다. 이는 밀레니얼 사원들로부터 좋은 피드백을 얻었다. 이처럼 젊은 사람들은 기술을 이용해 콘텐츠를 만들고 아이디어를 공유하고 질문하는 것을 기대하고 좋아한다.

밀레니얼 세대에게 소셜미디어는 일상이다. 그들은 소셜미디어에서 재미를 추구한다. 하지만 오로지 재미만 추구하는 것은 아니다. 그들은 어린 시절부터 익혀온 다양한 기술을 직무에 적용하는 것을 이전 세대보다 더욱 훌륭하게 해낸다. 그런 특성을 충분히 발휘할 수 있도록 판을 깔아준다면 회사는 효율적으로 문제를 해결하고 성과를 향상시킬 수 있다.

밀레니얼 세대 고객에게 기다림과 인내는 가장 기대하기 힘든 덕목이다. 소셜미디어를 통해 즉시 소통하는 것에 익숙한 그들로서는 "인스타그램에 사진을 올렸는데 무려 3분 동안 '좋아요'가 하나도 없다니" 하고 하소연하는 것이 너무 당연하다. 그들에게 3분이란 아주 긴 시간이다.

지금 어떤 업종에 있든, 기업이 어떤 상황에 있든 밀레니얼 세대 고객을 대상으로 한다면 그들의 요구에 응하는 속도를 점검해야 한다. 가장 쉽게 파악할 수 있는 기준은 고객의 질문, 반품요구, 배송상황 문의 등에 대한 응답시간과 응답률이다. 지금 밀레니얼 세대 고객으로부터 인기를 얻고 있는 성공적인 기업의 공통점 중 하나는 빠른 응답이다. 에어비앤비의 사업 초기를 살펴보면 분명하게 드러난다. 당시 에어비앤비는 기술팀의 분석으로 고객들이 가장 싫어하는 것이 호스트의 무응답, 또는 긴 응답시간임을 발견했다. 게스트가 관심 있는 숙박시설에 대해 질문하거나 묵고 싶다고 요청했을 때 호스트의 응답시간이 늦어지면 그 게스트는 에어비앤비를 떠나는 확률이 높았다. 이에 에어비앤비는 이를 개선하기 위해 많은 노력을 기울였다. 에어비앤비가 게스트의 만족도를 조사할 때 하는 주요한 질문' 중 하나는 '호스트가 얼마나 빠르게 응답해주었습니까'이다. 이런 과정을 거쳐 호스트의 응답률과 응답시간을 개선함으로써 에어비앤비는 또 한 번의 도약을 할 수 있었다.

밀레니얼 세대 고객에게 기업의 혁신 DNA를 진정성 있게 보여줄 필요가 있다. 그럴 때는 그들의 언어와 커뮤니케이션통로를 활용하기 바란다. 2018년 10월 삼성전자가 밀레니얼 세대를 겨냥한 노트북을 새로 출시할 때 프리젠테이션을 어디서 했는지 눈여겨보라. 서울 성동구에 위치한 렌탈스튜디오 피어59에서 기자간담회를 열었다. 피어59는 어느 항구도시의 창고를 본떠 지은 듯한 성수동의 핫플레이스다. 구찌의 사례에서 설명한 것처럼, 밀레니얼 세대의 감각에 맞게 변신을 시도하고, 소셜미디어를 통해 고객과 꾸준히 소통하는 것은 중요하다.

밀레니얼 세대 사원들에게 커뮤니케이션이란 수평적인 것이다. **수평적 조직문화를 가능하게 하는 것은 리더의 몫이다.** 큰 기업이든, 중견기업이든, 심지어 1세대 벤처기업이라도 수평적 조직문화에 대해 진지하게 고민해야 한다. 밀레니얼 세대를 위한 조직문화는 완전히 새로워야 한다. 수평적 조직문화는 어떤 것을 의미하는가. **직원들에게 자율성을 주면서 성과향상에 도움이 되는 체계란 어떻게 만들어지는 것인가. 정말 어려운 과제라고 할 수 있다.**

수평적 조직문화가 위아래 없이, 직급 없이 모두 대등한 것을 말하지는 않는다. 분명한 책임과 권한의 차이가 있고, 보고체계는 존재한다. 하지만 상사는 시키기만 하고, 부하는 시키는 대로 따르기만 해야 하는 환경은 밀레니얼 세대에게는 너무 혹독하다. 자신들이 생각할 때는 일을 더 잘 해결할 수 있는 방법이 있는데도 단지 시키는 대로 바보같이 그 일을 해야 한다면 견디기 힘들다. 일을 하면서 성장하기는커녕 오히려 퇴보한다는 기분이 들 것이다. 배울 점이 없는 상사의 지시를 받으며 속도도 늦고 혁신도 없는 일을 하고 싶지 않다는 생각을 하면서 결국 퇴사를 준비할 것이다.

왜 이 일을 해야 하고, 이런 방식으로 일해야 하는 이유가 무엇인지를 밀레니얼 세대 사원들에게 알려주자. 그들이 더 좋은 방법을 알고 있다면 의견을 제시할 수 있어야 하며, 정말 좋은 방법이라면 업무에 반영되어야 한다.

회사의 사명을 모든 구성원이 이해하고, 그 사명을 최우선에 놓고 일하는 방법을 혁신해나간다면 밀레니얼 세대 사원들은 '자신이 회사의 중요한 자원'이라는 자부심을 느낄 것이다. 인적자원이 부족하고, 모든 구성원이 자발적으로 부족한 일손을 메우면서 일해야 하는 스타트업의 문화를 참고해보는 것도 도움이 된다. 토스의 이승건 대표는 "밀레니얼 세대를 위한 조직문화를 만드는 것에 대해 정말 고민하고 노력해야 한다"고 설명한다. 그만큼 밀레니얼 세대에게 맞는 조직문화, 일하는 방식, 조직구조 등을 만드는 일은 중요하다. 실제로 토스는 조직문화를 위해 정보공개를 했다. 투명하게 공개된 정보를 통해 조직원들이 회사의 상황에 대해 정확하게 이해하고, 무엇이 회사를 위해 도움이 되는지를 스스로 깨닫고 그에 맞게 일하도록 하기 위해서였다.

8 ——————— 공유가치가
최우선이다

넌 어느 별에서 왔니

대기업 영업을 총괄하는 이대성 본부장은 며칠 전 점심시간에 사무실에 들어왔다가 깜짝 놀란 일이 있었다. 그날 외부에서 회의가 어정쩡한 시간에 끝나서 사무실로 돌아온 것이 12시 30분쯤이었다. 직원들이 모두 점심 먹으러 나가는 12시부터 오후 1시까지는 사무실 전체에 불이 꺼진다. 당연히 아무도 없을 것으로 예상하고 사무실에 들어섰는데 그 넓은 사무실 한 자리에 불빛이 있었다. 한 층이 모두 트여 있는 사무실이라 캄캄한 바다에 마치 섬처럼 불빛이 떠 있었다. 가까이 가보니 책상에 스탠드가 켜져 있었고 한 사람이 자리에 앉아 있었다. 입사 3년 차인 어린 여직원이었다. 사실 그동안 말 한마디 제대로 나눠본 적이 없는 까마득한 후배라 얼굴도 낯설었다.

"아니…, 왜 점심식사도 안 하고? 무슨 안 좋은 일 있나?"

"아뇨. 그냥 책 읽고 있었어요."

"아니…, 왜?"

"조용한 사무실에서 혼자 책 읽는 게 좋아요."

"아니…, 왜…."

이 본부장은 아무 말도 할 수 없었다. 자신의 책상으로 돌아온 이 본부장은 아주 평온한 얼굴로 캄캄한 사무실에서 책을 읽던 그 직원의 모습이 무엇을 의미하는지 이해하려고 애썼다.

그때 팀장 B가 자신에게 와서 "요즘 후배들은 많이 달라서 어떻게 이해해야 할지 모르겠다"고 하소연한 일이 떠올랐다. 그 팀장은 "여직원 A는 독서클럽에 다닌대요. 본부장님, 생각해보세요. 독서클럽이라니. 언제 적 독서클럽이에요? 대학 때나 하는 거라고 생각했는데…. 왜 독서클럽 다니냐고 했더니 '디지털독소를 빼는 시간'이라고 답하더라고요. 디지털기기나 인터넷 없이 고요하게 서로에게 집중하면서 읽은 책 내용을 얘기하다보면 허전하던 마음이 채워지는 느낌이 든대요. 옆 부서에 있는 막내사원 C 있잖아요. 걔는 LP판 수집이 취미래요. 시간만 나면 무슨 음악감상실에 가서 LP판만 감상한다나요? 지난번에는 LP판 마니아들을 위한 페스티벌이 열렸는데 거기 가서 자기가 좋아하는 록밴드 굿즈를 사왔대요. 그런데 그 록밴드가 C가 태어나기도 전에 활동했던 그룹이에요. 요즘 아이들이 옛날 문화에 빠져드는 걸 보면 신기해요."

이 본부장은 얼마 전 집에서 있었던 일도 생각났다. 어머니가 돌아가신 후 방치돼 있던 시골집을 정리하기 위해 가족이 다 함께 내려갔는데 의외로 딸이 자개장에 환호했던 것이다.

"우와! 이 자개장 봐. 리폼해서 내 방에 놓으면 되겠는데! 아빠, 이 자개장 제가 가져도 되죠?"

"아니…, 네 방에 놓기에는 너무 크지 않니?"

"아빠는 참 아무것도 모른다니까. 전체를 다 쓰는 게 아니라 자개가 붙은 부분만 써서 새로 만드는 거예요. 화장대 만들면 딱이겠다!"

"그, 그래….."

이 본부장은 자개장을 보면 어머니가 시시때때로 재봉틀 기름으로 닦던 장면이 떠오른다. 손님이 오거나 명절을 앞두면 어머니는 종종 자개장을 닦으라고 시키곤 했는데 그때는 그렇게 싫었다. 학이며 거북이며 나무며 모든 게 촌스럽게 느껴졌고, 게다가 닦는 일까지 해야 하니 더욱 싫었다. 어른이 된 후에 자개장은 그저 옛날 물건일 뿐이었다. 어머니가 돌아가시자 어머니를 생각나게 하는 유품이라 처분하지도 못하고 있었는데 딸이 가지겠다고 하니 다행이라는 생각은 했다. 하지만 자개장이 왜 좋다는 건지 이해하기 힘들었다.

이후 딸은 친구들 몇 명과 힘을 합쳐 자개장 문짝을 서울로 옮겨 리폼했다. 제각기 한 짝씩 자신의 취향에 맞게 리폼한 뒤 인스타그램에 자랑했는데 '좋아요'를 많이 받았단다. 그게 그렇게 좋은지 하루 종일 스마트폰을 만지작거리며 조회수를 확인하는 듯했다. 최근에는 아예 친구들과 함께 자개로 액세서리 만드는 취미 동아리에 가입했다. 자개는 자신들이 쉽게 접하기 힘든 소재면서 예쁘기까지 하니 액세서리로 인기라는 것이다.

회사에서도 집에서도, 이 본부장에게 요즘 젊은 친구들의 취미는 요즘 것인지 옛날 것인지 알 수 없기만 했다.

초연결사회적 존재로서 밀레니얼 세대는 소셜미디어로 공유할 거리가 필요하다. 소셜미디어에서의 공유, 친구들의 추천과 '좋아요' 등은 그들에게 소중하다. 멋진 사진을 찍는 것, 이야깃거리가 있는 것, 흔하게 볼 수 없는 희귀한 것 등은 공유가치가 있다. 밀레니얼 세대가 40~50년 전의 아날로그제품이나 분위기에 빠져드는 것도 그들에게는 특이하게 보이고, 재미있는 스토리가 있기 때문이다. 이렇게 소셜미디어에서 글과 이미지, 동영상과 각종 참여활동을 통해 밀레니얼 세대는 사회적 화폐를 얻기도 한다. 사회적 화폐는 좁게는 온라인상 유통되는 가상화폐를 의미하기도 하지만 넓게는 사회적 관계망을 통해 축적한 영향력과 만족감 등을 의미한다. 사회적 화폐는 밀레니얼 세대에게 중요한 가치를 지닌다.

특이하고 재미있는 것, 눈에 띄는 장면을 포착하거나 연출한 사진, 스토리가 담겨 있는 것 등은 밀레니얼 세대에게 공유가치가 있다. 그래서 탄생하게 된 하나의 현상이 뉴트로New-tro다. 새로움New과 복고Retro를 합친 신조어로, 복고를 새롭게 즐기는 경향을 말한다. 복고풍은 일단 그들에게는 새롭고 낯설다. 게다가 예전에 부모세대가 즐겼던 것으로 스토리가 담겨 있다. 그들은 디지털기술처럼 매끈하고 빈틈없는 것들 사이에서 거칠고 생경한 느낌을 주는 것에 매력을 느낀다.

《트렌드코리아 2019》에서는 "오래된 것과 새로운 것, 상충하는 두 개의 가치를 접목시키며 독특한 스토리와 감수성을 낳고 있

다. 과거의 향수와 새로운 경험에 반응하는 사람들이 늘어나고 있다"고 설명했다.[52]

2018년 11월 15일 수학능력시험이 끝나자 에버랜드는 수험생을 대상으로 '월간로라코스타축제'라는 새로운 행사를 열었다. 롤러코스터를 로라코스타라고 발음한 것에서 알 수 있듯 50년 전 7080세대 느낌을 주면서도 10대의 취향을 살린 뉴트로 콘셉트를 내세웠다. 1970년대 중산층가정의 애장품이었던 자개제품이 다시 인기를 끄는 것도 뉴트로의 흐름으로 볼 수 있다. 오픈마켓 옥션이 2018년 7~8월의 매출을 분석한 결과 복고감성의 패션, 리빙용품 판매량이 품목별로 최대 5배 급증했다. 특히 우아하면서 화려한 자개아이템에 대한 수요가 크게 증가했다. 꽃이나 나비 등 여성스러운 장식이 더해진 자개귀걸이는 매출이 5배나 껑충 뛰었다. 전통이미지를 알록달록하고 화려한 자개로 섬세하게 디자인한 자개손거울도 판매가 늘었다. 예스러운 느낌을 주는 꽃무늬 자수부터 비단, 모시까지 다양한 무늬와 소재를 적용한 전통주머니, 지갑, 가방도 4배 이상 팔렸다.

호텔업계의 뉴트로, 오모테나시

호텔업계는 어떻게 변화하고 있나. 전통 있는 많은 호텔업체가 일단 IT를 도입하고 있다. IT를 최대한 활용해 업무의 효율성을 높이고 고객만족도도 향상시키는 전략이다. 고객데이터를 활용해 서비스의 품질을 높이는 일은 이미 모든 호텔업체가 하고 있으며, 최근에는 앱을 이용한 디지털체크인, 디지털키를 이용한 체크인 등 다양한 형태로 발전하고 있다.

2016년 연말, 미국 라스베이거스의 한 대형호텔이 객실 5000 개에 AI스피커 개인비서를 설치한 이후 호텔업계에 AI스피커 도입이 확산됐다. AI스피커 개인비서는 비용청구, 체크아웃 등의 절차를 대신해주고 로봇이 고객안내, 신문과 음료수 배달 등을 하기도 한다.

그런데 무엇보다 눈길을 끄는 사례는 IT를 숨기거나 없애고 더욱 아날로그적으로 돌아가는 경우다. 여행을 좋아하는 사람이라면 한번쯤 꿈꾸는 숙소, 바로 일본의 호시노리조트星野リゾート다. 호시노리조트는 료칸의 시대가 끝났다고 생각하던 즈음 오히려 전통방식을 고집스럽게 되살렸다. 뿐만 아니라 현대적인 콘셉트를 함께 도입해 고객의 취향을 반영했다. 이처럼 전통적 산업은 IT를 통해 강화되기도 하지만 아예 디지털요소를 숨기는 방법으로도 성공할 수 있다.

1990년대 초 버블경제가 붕괴되면서 일본은 유례없는 경제 침체기에 접어들었다. 일본 전통적인 숙박업소인 료칸旅館 역시 예외가 아니었다. 국내여행의 수요도 줄고, 해외관광객의 료칸에 대한 매력도 점차 낮아진다는 진단이었다. 호시노 요시하루星野佳路 4대 사장이 미국 코넬대학교에서 호텔경영학 석사를 마치고 돌아

오모테나시로 혁신에 성공한 호시노리조트의 한국어 홈페이지

와 가업을 이은 것이 바로 그즈음이었다. 호시노 사장은 20년 만에 일본을 대표하는 리조트브랜드 호시노리조트를 만들어냈다. 2017년 11월 도널드 트럼프 미국 대통령의 딸 이방카가 일본을 방문했을 때 아베 신조 일본 총리가 만찬장으로 호시노리조트의 호시노야도쿄星のや東京를 선택해 그 위상을 확인케 했다.[53]

호시노리조트는 일본의 정수를 경험하는 것과 최고급의 서비스를 함께 엮은 호시노야, 일본의 전통 료칸의 매력을 그대로 살린 카이, 리조트와 호텔을 융합한 리조나레, 도시에 위치한 편리한 호텔 오모 등으로 서비스의 종류를 나누었다. 그 외에 홋카이도 산속에 높은 두 개의 호텔을 짓고 운해雲海를 감상할 수 있는 운카이 테라스를 운영해 전 세계 여행객의 호응을 얻고 있는 리조나레토마무, 일본 아오모리의 명승지 오이라세계류奧入瀨渓流에 위치한 오이라세계류호텔 등은 예약하기가 어려울 정도로 수개월 치 예약이 이미 끝나 있다.

호시노 사장은 진심으로 손님을 대접하기 위해 방을 차린다는 뜻의 오모테나시おもてなし 정신을 살리기 위해 종업원에 대한 교육, 인사, 조직문화 등을 바꾸었다. 고객만족과 수익을 서로 배치되는 개념이라고 여겼던 기존의 료칸 경영진과 달리 호시노 사장은 고객만족을 최고의 가치로 생각했다. 즉 음식의 원가를 아끼기 위해 평범한 재료를 사용하고, 인건비가 싼 주방장을 채용하는 것이 관행이었다면 호시노 사장은 좋은 인재를 채용하고, 그들이 즐겁게 일할 수 있도록 조직문화를 바꾸었으며, 고객의 피드백을 철저하게 존중해 그에 따라 혁신을 거듭했다.

고객의 피드백을 존중함으로써 히트상품을 만들어낸 것이 바로 운카이테라스다. 고객을 대상으로 하는 설문조사에서 아침에 즐기는 커피는 각별하니 아침에 일찍 라운지를 열어달라는 요청이 있었다. 단순히 라운지를 조금 일찍 여는 대응에서 더 나아가 고객을 최대한 만족시킬 아이디어를 연구했다. 직원들은 새벽에 곤돌라를 타고 산 위로 올라가 산속에서 커피를 마실 수 있도록 하자는 제안을 했고 이것이 바로 운해를 바라보며 커피를 마실 수 있는 운카이테라스의 시작이었다.

운카이테라스가 큰 인기를 끌면서 리조나레토마무에서는 지금 클라우드바cloudbar, 클라우드베드cloudbed 등의 시설을 추가로 설치 중이다. 클라우드바는 혼자 또는 연인과 함께 앉을 수 있는 구름 위 의자, 클라우드베드는 물방울 모양의 쿠션들이 여러 개 배치된 곳이다.

왜 또다시 LP가 유행일까?

지금 대부분의 사람들은 음악을 듣고 싶을 때 스마트폰을 꺼내 유튜브를 연다. 어떤 음악이든 검색하면 다 나온다. 유튜브스트리밍은 음악을 듣는 가장 강력한 채널로 등장했다. LP판, 카세트테이프, CD, 음원에 이어 스트리밍으로 이어지면서 음악은 소유하는 것이 아니라 스트리밍해서 듣는 것으로 변했다. LP판은 당연히 역사의 뒤안길로 사라질 것으로 예상됐다. 하지만 스토리는 그렇게 흘러가지 않았다.

바이닐앨범이라고도 불리는 LP레코드판은 1931년에 처음 선보였지만 본격적인 성공을 거두기 시작한 것은 1948년 컬럼비아 음반이 12인치 판을 내놓은 이후였다. LP판은 크기가 크고 무게도 부담스러웠고 무엇보다 사용하면서 스크래치가 생겨 곡을 재생하면서 건너뛰는 경우가 종종 있었다. 이런 단점을 보완한 것이 바로 소니의 카세트테이프 플레이어 워크맨Walkman이었다. 휴대가 간편했고, 작았으며 편리했다. 하지만 워크맨의 시대도 오래가지 못했다. CD가 등장했기 때문이었다. 은빛으로 빛나는 작은 디스크는 LP레코드판처럼 잡음도 나지 않았고, 스크래치 탓에 곡의 재생을 건너뛰는 일도 없었다. 매끈하고 완벽한 소리를 재현했다. 어쩌면 실제로 현장에서 듣는 음악보다 더 정제됐다고 할까? 카세트테이프와 CD의 등장으로 LP판의 시대는 저물기 시작했다. 기록에 따르면 1978년의 판매량이 3억 4100만 장으로 최고점이었다. 이후 LP판의 판매는 급격하게 줄어들었고 CD조차 MP3에 자리를 내주었다. 합리적으로 예상한다면 2010년대에 이르면 LP판은 사라지는 것이 맞다. 박물관이나 앤티크숍에서나 찾아볼 수 있어야 한다.

하지만 유튜브스트리밍이 전 세계 음악산업의 대세로 자리잡은 지금, LP판은 르네상스를 맞고 있다. 미국음반산업협회에 따르면 LP판의 판매량은 2007년 99만 장에서 2015년 1200만 장 이상으로 늘었다. 연간 성장률이 20퍼센트를 넘었고 전체 음반판매 수입의 25퍼센트를 차지했다. 영국에서는 2016년 12월 기준 LP판의 판매액(240만 달러)이 아이튠즈의 음원 판매액(210만 달러)을 넘었다.

우리나라에서도 LP판의 판매가 확고한 기반을 다지게 됐다. 이런 움직임에 힘입어 2016년부터 LP판을 파는 소수의 음반회사들이 모여 '서울레코드페어'를 열기에 이르렀다. 음원스트리밍의 지배로 인해 완전히 사라질 것 같았던 LP판의 생존가능성이 확인됐다고 할까. 어른들의 눈에는 '이것이 팔릴까' 의구심을 불러일으키지만 수천 명의 팬과 음악애호가들이 모여들어 많은 제품을 매진시켰다.

이에 대해《아날로그의 반격》의 저자 데이비스 색스는 "디지털이 고사시킨 아날로그 LP판의 부활에 일조한 것은 다름 아닌 디지털이었다"고 설명한다.[54] 너무 손쉽게 들을 수 있는 음악이 아니라 돈과 노력이 들어가고 취향이 필요한 LP판으로 다시 돌아가는 사람들이 늘어났기 때문이다. 소비자는 돈을 주고 LP판을 구입하면서 비로소 자신이 그 음악을 소유했다고 의식하고 자부심까지 느낀다. 2015년 영국 연구보고서에 따르면 LP판을 구매하는 소비자의 연령대는 18~24세였다. 거의 모든 음악을 공짜로 들을 수 있는 시대에 돈을 주고 LP판을 구매하는 것이 쿨하게 여겨지는 상황, 이것을 어떻게 이해할 수 있을까. 불편할 정도로 큰 사이즈와 무게, 약간의 소음이 들리는 음질 등이 오히려 진짜처럼 느껴지게 한다는 것이다.

우리나라 기업 중 이런 트렌드를 잘 포착하고 기업이미지를 만드는 데 활용하는 곳도 있다. 젊은 세대로부터 쿨하다고 평가받는 현대카드의 남다른 시도 중 하나는 라이브러리 시리즈다. 디자인라이브러리, 트래블라이브러리, 쿠킹라이브러리와 함께 가장 인기를 끄는 핫플레이스는 서울 이태원에 위치한 뮤직라이브러리다.

이곳은 지하 공연장과 함께 레코드판을 들어볼 수 있는 청음실을 갖추고 있다. 장르와 연대로 큐레이션해 음악 애호가들이 좋아하는 앨범을 찾아볼 수 있도록 해놨다. 예를 들면 세로축은 재즈, 소울, 락, 일렉트로닉, 힙합 등의 장르별로, 가로축은 1950년대 이후 지금까지의 연대별로 진열돼 있다. 특히 희귀음반 300여 장을 전시하는 레어콜렉션Rare Collection에는 비틀즈의 데뷔무대, 레드 제플린의 첫 앨범 등 음악사의 전설로 얘기되는 음반들이 있다. 최근 LP판 전시실을 확장해 별도의 건물을 바로 옆에 지었을 만큼

현대카드 뮤직라이브러리는 최근 핫플레이스로 유명하다.

이곳은 인기를 누리고 있다.

아날로그감성이
디지털세대의 마음을 움직인다

진정성으로 고객의 마음을 움직이는 방법으로 아날로그감성이
아직 유효하다는 것을 몇 개의 사례가 보여준다. 독일의 카메라 라
이카Leica는 디지털기술 시대에 아날로그감성을 살려 성공한 사례

다. 라이카를 만드는 회사 라이츠Leitz는 1849년 설립됐다. 1913년 세계 최초로 35밀리미터 필름을 사용하는 카메라를 제작하며 큰 인기를 얻었다. 제1, 2차 세계대전 등 역사적인 사건을 기록하는 현장에 라이카가 있었다. 세계적으로 유명한 보도사진가 로버트 카파Robert Capa는 노르망디상륙작전 취재사진과 1936년 스페인내란 중에 찍은 〈공화파 병사의 죽음〉을 라이카로 촬영했다. 그리고 다큐멘터리사진가 그룹 매그넘Magnum의 창시자이자 시사사진 전문잡지 《라이프Life》 통신원인 조지 로저George Rodger도 라이카를 사용해 여러 해외전장을 누비며 보도사진을 라이카로 촬영했으니 라이카는 카메라 그 이상의 존재였다. 사진작가 및 사진기자 등 전문가들의 사랑을 받은 라이카는 명품카메라로 이름을 날렸다.

하지만 1970년대 이후 일본 경쟁제품인 캐논, 니콘 등의 공세를 받으며 라이카는 사양길을 걸었다. 일본 제품은 경쟁력이 있는 데다 가격이 저렴했다. 라이카의 쇠락에 더 큰 영향을 준 것은 바로 디지털로의 전환이었다. 캐논이나 니콘 등이 디지털카메라로의 전환에 빠르게 대처한 것에 비해 라이카는 필름카메라에 대한 미련을 버리지 못했다. 결국 1980년대 이후 라이카의 경영은 급격하게 악화됐고 2005년 무렵에는 부도직전까지 몰렸다. 2004년 경영악화로 대주주들이 모두 떠나가는 시점에 안드레아스 카우프만Andreas kaufmann 형제가 27.4퍼센트의 지분을 사들이며 이사회에 합류했다. 카우프만 회장은 라이카를 전 세계에서 가장 독보적인 명성의 카메라브랜드로 만들겠다는 비전 아래 연구개발에 집중했다. 그때 아날로그감성을 가장 잘 구현한 디지털카메라를 내놓겠다는 목표를 정했다. 원래 라이카는 역사의 한 장면을 찍은 카메라로 유명하다. 이런 위대한 유산을 상기할 수 있게 카메라의 디자인은 그대로 살리되 특유의 색감과 기능성을 디지털카메라로 구현한 제품들을 잇달아 선보이기 시작했다. 여기에 더해 가격은 고가를 유지하고 전 세계 어디서 사든 같은 가격, 즉 원프라이스 정책을 썼다.[55]

감성을 살려내는 것은 유통망 재편에서도 발휘됐다. 예전에는 백화점이나 대형유통점을 중심으로 팔았다면 카우프만 회장은 전 세계에 직영점을 세웠다. 직영점은 단순한 판매점이 아니라 카메라마니아들이 와서 즐기고 공부하고 쉴 수 있는 갤러리 형태로 바꿨다. 갤러리를 겸하는 직영점에서 라이카를 쓰는 유명작가의 작품이 전시되자 마니아들이 자연스레 몰렸다. 각 지역 라이카 매장은 마니아의 커뮤니티공간이 됐다. 이들이 재구매를 하고 주변기기, 액세서리 구매도 하면서 매출도 올라가기 시작했다. 더불어 직영점 체제다보니 영업이익률이 높을 수밖에 없어 선순환구조가 저절로 구축됐다. 2018년 6월 기준 전 세계적으로 라이카의 직영매장은 90여 곳에 달한다.

게다가 사람들의 사랑을 받는 명품브랜드와 협업해 한정판 모델을 내놓는데 이것이 마니아들의 수집욕구를 자극한다. 2014년 에르메스와 협업해 내놓은 'M9-P 에르메스에디션'은 가격대가 3000만 원에 달했지만 완판됐고 이후 중고시장에서도 높은 가

라이카의 평창동계올림픽 한정판 에디션 Q스노우

격대에 팔리고 있다. 그 외 디지털 RFRange Finder(거리계 연동) 카메라 M10의 한정판인 '자가토에디션Zagato Edition'을 선보였다. 자가토는 이탈리아 밀라노에 소재한 자동차디자인 하우스로 100년 이상의 역사를 가진 기업이다. 자가토에디션은 전 세계에 250대만 한정적으로 판매돼 많은 수집가들의 관심을 모았다. 일반제품보다 더 비싼 2400만 원에 가격이 책정됐다. 2018년 2월 평창동계올림픽 당시에 라이카는 유리 포들라치코프Iouri Podladchikov라는 스노보드 하프파이프 종목 금메달리스트를 기념한 스페셜에디션 'Q스노우'를 내놓기도 했다.

라이카는 170년에 이르는 역사 동안 디자인의 일관성을 지켜온 것으로 유명하다. 필름카메라로서는 세계를 지배하던 명품이었던 만큼 작고 빨간 라이카의 로고는 그 자체로 마니아들의 가슴을 울리는 힘이 있다. 누구나 한눈에 알아볼 만큼 디자인 측면에서 정체성이 뚜렷하므로 라이카의 명성을 기억하고, 추억하는 사람들에겐 아날로그감성을 느끼게 한다. 하지만 기능과 기술은 디지털이다. 이런 조합을 통해 끊임없이 팬을 만들어내고 그들을 열광케 하는 것이다. 국내에서도 라이카갤러리는 전시, 카메라마니아들의 정보공유, 중고카메라 교환 등 각종 정보와 유대감이 오가는 곳으로 자리 잡았다.

일광전구의 사례도 눈여겨볼 만하다. 1962년 창업한 일광전구는 백열전구를 만드는 회사다. 하지만 2010년대 초중반 정부가 에너지 효율을 이유로 가정용 백열전구 퇴출을 결정하면서 존폐의 기로에 섰다. 일광전구는 유일한 백열전구제조사로 남는 길을 택했다. 대신 제품디자인을 고급화해 인테리어소품으로 격상시켰다. 이제 이 회사 백열전구는 젊은이들 사이에서 핫아이템으로 통한다. 일광전구의 놀라운 반전을 일으킨 권순만 일광전구 브랜드디렉터는 "인스타그램에서 조명, 조명빨, 전구 등 해시태그를 검색하면 6만 개가 넘는다. 이제는 전구를 생필품이 아니라 라이프스타일의 하나로 보는 것 같다"고 말했다. 일광전구는 인천 중구의 낡은 건물을 개조해 백열전구를 테마로 한 '라이트하우스'라는 전시장 겸 카페를 2018년 12월에 열었다.

공유가치를 일으키는 콘텐츠가 고객을 춤추게 한다. 블루보틀, 아트토이, 대동강페일에일, 오뚜기, LG전자 등의 사례에서 보듯 고객들은 자발적으로 친구들에게 공유하고 확산한다. 그것은 기업이 유도해서가 아니다. 유도한다고 되는 것도 아니며, 때로는 뜻밖의 호응을 얻는 경우가 더 많다. 그렇다면 어떤 경우에 고객은 고객을 불러들이며 폭발적인 호응을 하는가. 어떤 경우에 공유가치가 올라가는가. 이 질문은 소셜미디어 시대의 밀레니얼 세대 고객에게 다가가는 데 매우 중요하다.

　첫째, **공유가치는 때로 시대적 가치와 맞아 떨어지면 폭발적으로 호응을 얻는다.** 그들은 덕업일치를 꿈꾸는 밀레니얼 세대의 특징이나 취업, 진로 등을 고민하며 아파하는 자신들을 대변해준다고 느끼는 경우 크게 반응한다. 좋아하는 일을 업으로 삼겠다는 덕후의 꿈을 위해 1만 원씩 자금을 지원해주는 크라우드펀딩이 성황을 이루는 것도 같은 맥락이다. BTS의 팬클럽 아미의 열광도 마찬가지다. 명품브랜드 구찌가 모피의 사용을 그만두고 친환경정책을 펴는 것은 밀레니얼 세대가 환경에 대한 인식 등 세상을 좋게 만드는 데 관심이 많음을 알기 때문이다.

둘째, 스토리 자체가 재미있을 경우다. 블루보틀의 창업자인 커피마니아가 48시간 이내에 로스팅한 커피원두를 즉석에서 갈아서 핸드드립해서 준다는 그 장면, 그 스토리는 공유가치가 충분하다. 대동강 맥주보다 맛없는 한국맥주를 도저히 못 마시겠다며 수제맥주를 만들어 그 이름을 대동강페일에일로 붙인 더부스의 스토리도 재미있다. 밀레니얼 세대는 정색하고 정답을 보여주는 스타일을 좋아하지 않으므로 살짝 유치하면서, 빈티지느낌, B급 정서를 담고 있는 내용 등이 호응을 얻기에 좋다.

셋째, 소비자의 불편을 획기적으로 해소해주는 경우다. 기존의 택시서비스에 만족하지 못하던 소비자들에게 타다는 완전히 다른 차원의 서비스로 여겨지며 이에 소비자들은 마치 자신이 주주라도 되는 것처럼 타다를 응원하고 후원한다. 밤늦게 퇴근하면서 장을 볼 여유가 없는 사람들이 마켓컬리의 샛별배송 서비스에 열광하는 것도 마찬가지다. 이들은 자발적으로 인증샷을 찍고 공유하며 추천한다.

넷째, 스토리가 의미 있는 경우다. 오뚜기나 LG전자와 같이 윤리경영, 모범적 삶을 보여주는 오너일가 등은 공정성을 중시하는 밀레니얼 세대에게 감동을 주는 스토리다. 이런 경우 밀레니얼 세대는 자발적으로 미담을 발굴하고 친구들과 공유하며 확대재생산한다.

다섯째, 시각적으로 좋은 경우다. 자신의 패션스타일, 화장법 등을 공유하는 것은 단번에 눈길을 끌 수 있으며, 언어의 장벽 등을 가볍게 넘을 수 있는 소재다. 춤과 운동법 등도 말이 필요 없는 대단히 좋은 소재다. 사람들이 좋아하면서 시각적인 요소를 갖추고 있어서 공유가치가 있다.

고객에게 공유가치를 제공할 방법을 모색해보기 바란다. 우리 회사의 역사에서, 우리 회사의 건물에서 어쩌면 스토리를 발견할 수 있을지 모른다. 모든 동네에 스토리와 역사가 있는 것처럼 모든 조직에도 꽤 멋진 스토리가 있을 것이다. 아날로그감성, 인간미 넘치는 터치, 마음 맞는 사람들끼리의 작은 모임 등 예전 시대의 미덕이 빛을 발하기도 한다는 것을 뉴트로트렌드에서 보았다. 그렇다면 우리 기업은 어떤 방향으로 콘셉트를 잡을 것인가. 완전히 디지털기술을 도입해 첨단으로 갈 것인가, 만약 그렇지 않다면 아날로그감성을 어느 정도 유지할 것인가. 아예 아날로그감성으로 가는 것은 어떤가. 마케팅을 어떤 방향으로 잡을지를 검토해야 한다.

커뮤니티를 만드는 대고객 전략은 갈수록 더욱 유효하다. 고객커뮤니티를 만들어 기업의 이미지를 높이는 전략은 꾸준히 있어왔다. 오토바이업체 할리데이비슨이 대표적인 사례다. 라이카도 마찬가지다. 하지만 이제 그 커뮤니티의 규모가 더욱 작아지고 더욱 마니아스러워졌다. 살롱문화의 부활이라는 평도 있을 정도다. 트레바리나 헤이조이스 등은 커뮤니티를 파는 스타트업이라고 볼 수 있다. 기술발전에도 불구하고 커뮤니티 경험에 대한 밀레니얼 세대의 열망은 사라지지 않았다. 오히려 더 강해졌다고 봐야한다. 업무공간 공유라는 개념이 확산되고 있으며, 이에 사무실공유 업체 위워크는 2017년 200억 달러 규모로 성장했다. 소호하우스Soho House와 같은 회원전용 클럽이나 페스티벌도 늘어나고 있다.

9 ——————— 이제는 모두가 전문가이자 글로벌인재

근면성실이냐 운칠복삼이냐

중소기업 회장 이진성 씨는 이제 경영일선에서 물러난 지 3년째다. 아들이 대표이사로 취임하면서 본격적으로 경영을 총괄하기 시작했기 때문이다. 하지만 그의 마음은 편치 않다. 그나마 본심을 털어놓을 수 있는 곳은 중소기업 오너 출신의 친구들과의 모임뿐이다. 이 친구들과 만나면 하나같이 아들과의 갈등 때문에 죽겠다고 난리다. 도무지 자신들 마음 같지 않아서다. 친구들이 공통적으로 털어놓는 아들에 대한 불만은 부지런하지 않고, 의지가 약하다는 점이다. 새벽같이 움직여도 모자랄 판에 출근시간이 너무 늦고, 죽기 살기로 뛰어도 될까 말까 한데 느긋하게 가족여행을 계획하고 있는 모습을 보면 이러다가 회사 망하겠다는 생각밖에 안 든다는 것이다.

일찍 일어나는 새가 벌레를 찾는다는 속담처럼 아주 부지런히 살지는 못하더라도 근면성실한 자세는 기본이라고 생각한다. 그가 대학입시를 준비할 당시, 4당5락4當5落이라는 선생님의 말씀을 금과옥조처럼 여겼다. 4당5락이란 4시간 자면 합격하고 5시간 자면 실패한다는 말을 줄인 유행어였다. 그는 화장실 가는 시간조차 아껴서 공부했고, 가난한 집안을 일으켜야 한다는 부모의 기대에 부응하기 위해 상과대학에 진학했다. 대기업에 입사했다가 10년 만에 기회를 잡아 독립했고 다행히 사업체를 버젓하게 키웠다. 나이가 들어서 아들에게 경영권을 넘겨주긴 했지만 그러고 나니 오히려 불안감이 엄습해올 때가 더 많다. 이해하기 힘든 일들이 자꾸 벌어져서다.

이 회장은 아들에게 경영권을 넘겨준 후에도 자주 회사에 나가 아들에게 조언을 해주었는데 자꾸 충돌이 생겼다. 큰 갈등이 두 차례 있었다. 첫 번째는 독립브랜드를 만드는 문제, 두 번째는 해외진출 여부에 관한 결정이었다.

3년 전, 아들에게 대표이사를 넘겨준 직후였다. 대기업 납품계약 만료일이 다가왔는데 해당 기업으로부터 계약을 더 이상 연장하지 않겠다는 통보를 받았다. 기대수준이 높은 대기업에 오랜 기간 납품하면서 기술력, 제품의 위생 등 모든 면에서 상당한 노하우를 축적하고 있었지만 전량을 납품해왔기 때문에 회사 자체적으로 독립브랜드는 없었다. 이 회장은 여태껏 해오던 대로 다른 대기업을 찾아서 납품을 하자고 했으나, 아들은 아예 독립브랜드를 출시하자고 했다. 과연 중소기업이 자신만의 브랜드를 성공시킬 수 있을지 자신할 수 없었던 그는 반대했지만 아들은 인터넷커뮤니티와 소셜미디어 등을 이용하면 성공이 가능하다고 주장했다. 이 회장은 사실 그게 무슨 뜻인지 이해하기조차 어려웠다. 문제를 논의하는 중에 맘카페라는 용어를 아들과 팀장급 직원들이 자주 언급했지만 그는 무조건 반대했다. 그러나 아들이 몇 달 동안 설득했고 결국 그는 6개월 해보고 안 되면 바로 접는다는 조건하에 허락했다.

이름도 새로 짓고 제품 디자인도 전문가에게 맡겼다. 사실 회사 자체의 브랜드를 갖는다는 것은 마음속으로 꿈이야 꾸었지만 가능성이 없다고 여겨왔다. 그저 유명한 브랜드를 가진 대기업 아래에 있는 것이 가장 안전하다고 믿었다. 광고나 마케팅 비용이 얼마나 많이 드는지 잘 아는 그는 그 비용을 감당할 수 없다고 생각했다. 젊은 직원들은 이 회장이 예상한 비용의 3분의 1로도 효과를 낼 수 있다고 했지만 그는 믿지 않았다. 아들이 실패를 통해서 현실을 깨닫고 스스로 배우게 될 것이라는 판단에 허락하긴 했지만 가능성은 믿지 않았다. 하지만 믿을 수 없는 일이 실제로 일어났다. 회사의 브랜드가 오랫동안 공고하다고 여겼던 대기업의 브랜드를 넘보는 상황이 벌어진 것이다. 커뮤니티를 통해 엄마 고객들을 설득했는데 이것이 주효했다고 한다. 기분이 좋다기보다는 어안이 벙벙하다는 게 더 맞을 듯했다.

그렇게 국내에서 시장점유율을 높여가던 어느 날 아들이 해외진출을 해야겠다고 한다. 이 회장은 또 반대했다. 해외시장이라니…. 그가 처음 입사했던 국내 최고의 기업도 처음에 해외진출을 할 때 얼마나 고생했던가. 인적자원, 자금, 노하우 등이 월등하게 뛰어났던 대기업도 어려웠던 해외진출을 하다니 말도 안 되는 일이었다.

아들은 조기유학으로 해외에서 대학까지 나왔으니 영어는 유창하지만 그것이 해외진출의 성공요인은 될 수 없다고 생각한다. 그래서 요즘 잠이 오지 않는다. 이러다가 회사가 망하는 것은 아닌지….

　밀레니얼 세대는 철저한 조사능력을 가진 세대다. 그들은 어린 시절부터 인터넷에서 정보를 수집하고 분석하는 데 익숙하다. 네티즌수사대라는 용어가 나온 것도 이 때문이다. 철저하게 조사하고 분석한다는 것이다. 밀레니얼 세대는 인터넷에 풍부하게 널려 있는 정보를 찾고, 모으고, 활용하는 데 익숙하다. 2018년 10월 우리 사회를 뜨겁게 달군 비리유치원 명단공개는 박용진 더불어민주당 의원의 공로도 컸지만 실제 그 뒤에는 바로 정치하는엄마들이라는 단체가 있었다. 이 단체는 1년 동안 끈기 있게 비리유치원을 공개하라고 압박했다. 국무조정실과 교육청이 유치원 비리를 적발하고도 명단을 공개하지 않는다는 사실을 알고 정부와 교육청 등을 상대로 정보공개청구, 행정소송 등을 지속해왔다.

　화장품의 성분을 자세하게 조사하고 분석해서 설명해주는 화해(화장품을 해석한다는 말의 줄임말) 앱은 이런 네티즌수사대의 특성을 잘 보여준다. 화해는 2018년 10월 기준으로 600만 명의 사용자를 확보하고 있다. 화해의 창업자는 노트북과 같은 전자제품의 성능을 비교하고 분석하는 것을 화장품에 적용하겠다는 아이디어로 사업을 시작했다. 소비자들이 화장품의 성분을 읽어도 무슨 의미인지 알 수 없는 것이 문제라고 생각했다. 성분을 제대로 분석하고, 쉽게 풀어서 설명해주면 어떨까 생각했고 공신력 있는 협회의 정보를 모으고 화장품의 성분을 분석하기 시작했다. 대한피부과의사회, 미국 비영리환경단체 등의 성분분석 기준을 공부하고, 성분을 분석해서 쉽게 알려주자 사용자들이 늘어나기 시작했다. 그러자 숨어 있던 보석들이 발굴되기도 했다. 그렇게 해서 소비자들의 주목을 받기 시작한 화장품브랜드가 시드물 등이다. 덕분에 민중기 대표가 피부가 약한 어머니를 위해 만들었던 천연화장품 시드물은 연매출 500억 원의 기업으로 성장했다.

네티즌들은 많은 사람들의 관심을 끄는 사건이 발생하면 그 당사자가 아무리 신분을 감추려 해도 온라인상의 가능한 모든 정보를 활용해 이를 알아내는가 하면, 도저히 찾을 수 없을 것 같은 인물을 발굴해내기도 한다. 때로는 지나치게 신분이 노출돼 개인의 프라이버시가 침범당하기도 하고, 작은 잘못으로 온라인테러를 당하는 등 부작용도 있지만 어쨌든 네티즌의 조사, 분석 능력은 놀랍다.

밀레니얼 세대들은 온라인상에 너무 많은 거짓과 사기, 잘못된 설명, 부정확한 정보 등이 흘러 다닌다는 것을 안다. 그들은 의심하고 경계하고 잘 골라내야 한다는 것 또한 안다. 그들은 구입하려는 상품을 빠른 시간에 정확하게 검색하기 때문에 기업들은 그들을 거짓 정보로 현혹시키거나 제품을 과대광고하려고 해서는 안 된다.

베이비붐 세대나 X세대에 비해 밀레니얼 세대는 화장품, 샴푸, 치약 등 생활용품을 살 때도 성분을 꼼꼼하게 확인한다. 천연

성분, 자연친화적인 상품에 대해 가치를 부여하고 그런 상품을 사용하는 자신에 대해 자랑스럽게 여긴다. 특히 아기용품을 구매하는 엄마들의 조사능력은 전문가를 능가한다고 해도 과언이 아니다. 아기용품을 제조하는 기업의 리더라면 정말 진실되게 제품을 만들어야 한다. 엄마들은 좋은 제품을 알아보는 눈이 매와 같으니 반드시 알아봐줄 것이라 믿어도 된다.

소비자인 밀레니얼 세대를 대하는 가장 좋은 방법은 솔직함이다. LG전자는 솔직하고 겸손한 마케팅으로 '마케팅 못 하는 회사'라는 평을 들으면서 동시에 무수히 많은 마케팅 전사들을 배출한 회사다. LG전자가 2017년 출시한 전략 스마트폰 G6의 광고는 넓은 화면, 16대 9의 화면비율 등을 내세웠다. 하지만 진짜 강점은 베젤을 최소화한 디스플레이임에도 불구하고 세상에서 가장 강한 내구성이었다. 미국 국방부의 14개 테스트를 통과함으로써 전 세계 스마트폰 중 가장 많은 항목에서 밀리터리 스펙을 갖춘 것이다. 그런데 LG전자는 이 사실을 홍보하지 않았다. 그리고 LG전자의 노트북 그램은 무게를 940그램이라고 밝혔으나 실제로는 922그램이라는 사실이 알려지기도 했다. 보다 못한 네티즌들이 'LG 마케팅팀도 모르는 LG V10의 매력 5가지' 등의 동영상을 제작해 인터넷에 올리며 LG전자 제품의 홍보에 나서 눈길을 끌었다. LG전자 새 제품의 숨겨진 장점을 찾아 공유하는 것을 놀이로 삼은 것이다. 기업의 팬이 되어서 열정적으로 홍보를 대신해주는 이런 모습이 바로 디지털네이티브의 특징이다.

청년재벌이 된 그들, 운칠복삼?

대학에 재학 중인 김영아 씨는 매일 저녁마다 잠자리에 들기 전 스타일쉐어 앱에 들어간다. 또래의 여성들은 무슨 옷을 입고, 어떤 헤어스타일을 하며, 화장은 어떻게 하는지 알 수 있다. 스타일쉐어에서 공유되는 스타일은 마치 내 친구의 것처럼 친근하고, 또 쉽게 따라할 수 있어 앱에 자주 들어가게 된다. 마음에 드는 스타일이 있으면 그 정보를 이용해 쇼핑도 할 수 있다. 유명한 패션잡지 화보를 가끔 들여다보긴 하지만 내 스타일과는 거리가 멀다고 느낀다. 키가 크고 몸매가 비현실적인 모델이 입고 있는 옷이 나에게는 어울릴 것 같지가 않다. 반면 스타일쉐어의 패션스타일, 헤어스타일, 메이크업은 모두 시도해보고 싶게 만든다.

국내의 대표적인 엑셀러레이터[56] 프라이머의 권도균 대표는 이니시스를 비롯, 모바일결제 시스템을 설립하면서 창업계의 대부로 불린다. 청년들의 스타트업 아이디어를 후원하고 자금을 지원하며 자문도 해준다. 프라이머의 자금을 받아 성공한 스타트업으로는 여성들의 패션스타일과 노하우, 쇼핑정보 등을 공유하는 커뮤니티 스타일쉐어, 대형여행사 중심의 여행상품을 간소화함으로써 알뜰하고 내실 있는 여행상품을 선보이는 온라인여행 스타트업 마이리얼트립, 가정에서 세탁물을 수거해 세탁 후 배달까지 완료해주는 세탁전문앱 세탁특공대 등이 있다.

예를 들어 스타일쉐어를 보자. 2011년 어느 대학교에서 스타

트업 관련 강의를 끝낸 권도균 대표에게 한 여학생이 "강의를 잘 들었다"며 "자신의 팀프로젝트 아이디어가 어떠냐"고 물어보러 왔다. 권 대표는 그 아이디어가 괜찮다고 생각했다. 그래서 그 여학생에게 자금을 조금 지원할 테니 커뮤니티앱을 만들어보라고 권유했다. 윤자영 대표가 스타일쉐어를 시작하게 된 계기다. 초기에는 평범한 20대 여성들의 옷 입는 스타일, 메이크업 등을 촬영해서 올렸다. 스타일쉐어 윤자영 대표는 언론과의 인터뷰에서 대학시절 '오늘은 무슨 옷을 어떻게 입을까' 고민이 됐는데 참고할 만한 곳이 없었던 것이 아이디어의 시작이었다고 했다. 아무런 광고도, 마케팅도 하지 않은 채 마치 대학수업의 팀프로젝트처럼 시작한 이 앱은 2015년에 이르러 임계점에 이르렀다. 사용자수가 폭발적으로 늘어나기 시작한 것이다. 2016년 쇼핑몰 기능을 추가하면서 급성장곡선을 그렸다. 2018년 3월 GS홈쇼핑으로부터 29CM라는 온라인쇼핑몰을 300억 원에 인수하면서 스타일쉐어의 기업

가치는 더욱 올라갔다. 이제 갓 서른을 넘긴 이 여성이 GS홈쇼핑의 자회사를 인수했다니 업계에 큰 화제가 된 것은 당연하다. 2018년 기준 스타일쉐어의 사용자수는 400만 명, 거래액은 700억 원대를 기록했다.

> 오프라인 쇼핑몰에 가서 맛있는 것을 먹고, 지나가는 사람을 구경하는 것도 쇼핑의 과정이잖아요. 스타일쉐어나 29CM 두 플랫폼 모두 정보를 공유하고 즐기는 게 메인이에요. 쇼핑은 그 뒤의 일이죠. 그런 점이 서로 잘 맞는 부분이라고 생각했어요.

쇼핑보다 즐거움이 먼저. 이것이 스타일쉐어를 비롯, 사람들이 모여드는 온라인쇼핑몰의 공통점이라고 할 수 있다. 정보와 노하우를 공유하면서 서로 주고받는 것, 친구에게 권유하면서 마케팅을 해주는 것, 인스타그램 등 소셜미디어를 통해 적극 홍보해주는 것, 이 모든 역할이 고객의 몫이다. 판을 깔아주기만 하면 기꺼이 고객은 즐겁게 놀면서 이런 역할을 자연스럽게 수행한다.

또 다른 성공신화는 스타일난다의 김소희 씨다. 2018년 글로벌기업 로레알이 약 6000억 원에 지분 100퍼센트를 인수함으로써 스타일난다의 창업주 김소희 대표는 청년재벌의 반열에 올랐다. 김소희 씨가 스타일난다를 창업한 것은 2005년이다. 동대문쇼핑몰에서 구입한 옷과 액세서리를 자신의 안목대로 매치해서 온라인쇼핑몰에서 팔기 시작했다. 자신의 집을 사무실 삼아 인터넷

사이트를 만들었고, 당시 인천 지역에서 유행처럼 쓰던 말인 스타일난다를 이름으로 붙였다. 설립 이래 지금까지 14년 동안 여성의류 온라인쇼핑몰 국내 1위 자리를 지키고 있는 스타일난다는 2012년 서울 가로수길에 첫 점포를 열었고, 여성의류 온라인쇼핑몰로는 처음으로 백화점 및 면세점에도 입점했다. 창업 10년 만인 2014년에는 연매출 1000억 원을 넘어섰다.

글로벌기업 로레알이 스타일난다를 사들이게 된 이유는 김소희 대표가 지난 2009년 출범한 화장품브랜드, 쓰리콘셉트아이즈(3CE)의 가파른 성장세 때문이다. 중국시장에 진출한 글로벌 색조 화장품 가운데 인지도 1위에 오를 정도로 브랜드파워가 높은 데다 일본과 동남아 진출에도 성공했다. 중국시장에서 성공하려는 로레알에게 스타일난다는 꼭 필요한 핵심역량이었던 셈이다. 사실 김소희 대표는 화장품 사업을 주력으로 생각하지는 않았다고 한다. 자신의 취향과 메이크업 노하우를 반영한 콘셉트를 가지고 주요 화장품 ODM기업을 타진한 끝에 맥스코스가 그녀의 아이디어를 실현해주었다.

스타일난다의 성공은 김소희 대표의 큐레이팅 능력과 고객의 요구를 진심으로 응대하는 진정성 덕분이었다. 그녀는 우연히 자신이 동대문시장에서 산 원피스를 입고 찍은 사진을 인터넷에 올렸다가 옷 고르는 감각에 대해 자신감을 갖게 됐다. 많은 사람들이 "어디 가면 그 옷 살 수 있냐"고 묻자, 아예 동대문시장에서 옷을 골라다가 팔았다. 그리고 고객의 질문이나 요구에 일일이 응대하고, 진심으로 그 요구에 맞춰주려고 노력하면서 사업이 점차 잘되기 시작했다.

감각을 키우기 위한 노력도 열심히 했다. 예를 들면 한 달에 한두 번은 일본이나 빈티지의 본고장인 영국을 찾아 트렌드를 파악했고 의류구매는 자신이 직접 했다. 옷이 아니라 스타일을 판다는 생각으로 감각에 따라 구매하고 매치하는 일에 최선을 다했다. 그리고 스타일난다가 커지는 데 일조한 것은 고객의 피드백에 대한 진정성 있는 응대다. 사업체가 확대되기 이전까지 김소희 대표는 직접 고객의 전화를 받아 스타일 상담을 해줄 정도로 고객과의 교류에 정성을 다했다.

누구나 유튜버가 되는 시대

평생 식당을 운영하면서 고달픈 삶을 살았던 할머니가 생애 처음으로 받는 상이 실버버튼[57]일 확률은? 구글의 초대를 받아 샌프란시스코를 방문할 확률은? 할머니의 인생에 잭팟이 터졌다고 손녀는 말한다. 1947년생 박막례 씨는 구독자 63만 명을 보유한 유튜브 스타다. 손녀가 할머니의 치매예방을 위해 영상을 찍어 올린 것이 계기가 됐다. 박막례 씨가 구글로부터 실버버튼을 받고 구글을 방문해 CEO를 만나는 인생반전 스토리가 유튜브에 담겨 고스란히 공유되고 있다.

1947년생 스타 유튜버 박막례의 유튜브

"구글이 뭐여?"

"유튜브의 엄마."

"AI가 뭐라고 했지? 인공수정?"

"아니, 인공지능."

미국을 방문하기 전 손녀와 영어공부를 하는 장면을 찍은 동영상에서 등장하는 대화다. 아는 영어라고는 '오케이', '땡큐'밖에 없다는 할머니가 구글에서 다양한 체험을 하고 샌프란시스코 관광을 하는 동영상은 60만 명이 넘게 조회했다. 이 밖에 인기 있는 동영상은 '치과 들렀다 시장 갈 때 메이크업', '계모임 갈 때 메이크업' 등 미용콘텐츠며 그 외에 과일 고르는 법, 결핵 검사하는 장면 등 일상을 담은 내용도 많다.

박막례 유튜버의 성공은 많은 것을 의미한다. 첫째, 유튜브는 더 이상 신세대의 전유물이 아니다. 누구나, 언제나, 어디서나 동영상을 즐길 뿐만 아니라 유튜버로서 활동하는 것까지 가능해졌다. 유튜브 동영상을 올리는 사람이나 동영상을 구독하는 사람의 연령대 제한이 없어진 것이다. 둘째, 유튜브는 페이스북이나 인스타그램 등의 소셜미디어와 달리 구독자끼리의 연결이 느슨해서 포용성이 높다. 한때 10대 청소년들이 대거 페이스북을 이탈한 것은 20대와 구별되는 자신들만의 자유로운 공간을 찾기 위해서라는 분석이 있었다. 심지어 부모세대까지 글을 게시하고 자녀에게 친구신청을 하는 공간은 그들에게 더는 매력적이지 않다. 그런 면에서 유튜브는 구독자 간 간섭이 거의 없어 오히려 모든 세대를 아우를 수 있다는 장점이 있다. 셋째, 1분당 400시간 분량의 영상이 업로드될 정도로 많은 정보가 새로 유입되는 만큼 유튜브 세상에는 없는 것이 없다. 갓튜브(God과 유튜브의 합성어)라는 용어가 등장한 이유다. 국적, 언어, 가치관, 관심사, 개인의 취향 등 그 어떤 조건도 장애물이 되지 않으며 나만의 콘텐츠를 발견할 수 있다. 넷째, 동영상이라는 매체가 갖는 편의성과 범용성이 입증됐다. 수천 년 우리의 커뮤니케이션을 지배해온 활자매체의 시대가 저물어가고 영상매체의 시대가 도래했음을 보여준다. 버스 옆면의 광고판은 이제 '네이버 검색창에서 ○○○을 검색하세요'에서 '유튜브에서 ○○○을 검색하세요'로 바뀌었다.

우리는 이미 갓튜브의 세상으로 들어와 있다. 앱 분석업체 와이즈앱에 따르면 우리나라의 유튜브앱 월간 순사용자수는 2924만 명, 동영상 전용앱 중 유튜브 점유율은 85.6퍼센트, 조사기간이던 2018년 6월 1개월간 스마트폰 이용자의 유튜브앱 사용시간은 289억 분이었다. 2018년 상반기 국내 동영상광고 매출의 40퍼센트가 유튜브로 집행됐으며 초등학생 장래희망 1순위는 유튜버가 됐다. 통계청 직업군에는 콘텐츠창작자가 신설됐다. 2018년 8월 18~19일 서울 구로구 고척스카이돔에서 열린 다이아페스티벌은 국내 1인 콘텐츠창작자들이 참여하는 축제로 성황을 이루었다. 이 행사에는 국내 인기 유튜버들이 총출동해서 5만여 명에 이르는 참가자들과 춤, 노래 등 각종 콘텐츠를 공유하며 즐겼다.

모든 국민을 하루 23분씩 붙잡아두는 막강한 플랫폼이 된 유튜브의 강점은 없는 것이 없다는 다양한 콘텐츠다. 이렇게 다양한 콘텐츠가 가능한 이유는 수십, 수백만에 이르는 구독자를 바탕으로 큰 영향력을 발휘하는 수많은 유튜버가 있기 때문이다. 일부 유튜버들은 연예인 못지않은 인기를 누리며 새로운 문화권력, 새로운 직업군으로 떠올랐다.

인기를 끄는 동영상은 다양하다. 봇노잼이라는 유튜버는 자신이 공부하는 모습을 실시간으로 공유한다. 아무 말 없이 책상에 앉아서 공부하는 영상과 함께 빗소리, 장작 타는 소리 등 집중력을 높여주는 백색소음이 들린다. 봇노잼을 구독하는 사람들은 이 영상을 보면서 함께 공부한다. 보통 사람이 먹기 힘든 많은 양의 음식을 깔끔하게 먹어내는 밴쯔, 매번 와송이나 벌집 등 특이한 음식을 독특한 소리와 함께 먹는 떵개, 일반인이 시도조차 하기 어려운 극강의 매운 음식을 아무렇지 않게 먹는 도로시 등 먹방 유튜버들도 인기를 끌고 있다.

갓튜브를 만드는 그들은 누구인가

한국에서 개인 유튜버로 가장 많은 구독자를 확보한 J.Fla(이하 '제이플라')는 글로벌스타이기도 하다. 2019년 1월 기준 구독자수 1065만여 명이며 특히 인기 팝가수 에드 시런Ed Sheeran의 〈Shape of you〉를 부른 동영상으로 세계적인 유튜브 크리에이터로 이름을 얻게 됐다. 2013년 가수로 데뷔했지만 방송에 출연하기보다는 유튜브를 통해 활동하고 있다. 머지않은 장래에 가수 싸이의 유튜브 구독자수를 능가할 것으로 예측된다. 제이플라의 연 수입은 50억 원에 이르는 것으로 추정되고 있다.

어느 언론사에서 분석한 제이플라의 성공요인 3가지를 살펴보자.[58] 첫째, 이미 인기를 얻은 검증된 음악을 선택해서 본인만의 스타일로 재가공했다. 사람의 뇌는 의외로 단순한 것을 좋아한다. 친근하고 익숙한 노래로 쉽게 다가가는 것이다. 둘째, 자신만의 영상구도와 포맷의 통일성으로 정체성을 구축했다. 2016년 8월부터 트레이드마크가 된 포니테일 스타일에 오른쪽 얼굴을 비추는 영상구도를 유지하고 있는데, 이로써 본인을 브랜드화했다. 셋째, 매주 금요일 꾸준하게 영상을 업로드했다. 제이플라는 현재 250여 개의 영상을 업로드했으며 6년 동안 꾸준한 활동을 보여왔다. 이 같은 성실함과 자기관리, 또한 팬들과의 꾸준한 소통을 통해 팬덤을 구축했다. 외국인 구독자를 위한 영어자막은 물론 팬들이 만든 35개국 자막이 더해져 글로벌팬덤을 쌓아가고 있다.

한국 유튜버 중 가장 구독자가 많은 제이플라의 유튜브

　대도서관이라는 유튜버는 2011년부터 아프리카TV에서 게임 방송으로 활동하다 2016년 유튜브로 이전했다. 2019년 1월 기준 190만 명의 구독자를 확보하고 있으며 자신의 경험을 통해 독자들에게 유튜버가 되는 법을 알려주는《유튜브의 신神》이라는 책도 펴냈다. 그는 고졸알바에서 수십억을 버는 유튜버로 성장한 스토리로도 유명하다. 특히 밝고 선한 태도로 어려운 환경을 극복하고 성공했다는 점에서 젊은 세대들에게 호감을 얻고 있다. 뿐만 아니라 일반적으로 게임방송 유튜버들이 비속어나 거친 태도로 관심을 끌려는 경향이 있는 반면, 대도서관은 선하고 반듯한 이미지, 절제된 언어로 구사하는 유머 등으로 자신을 차별화했다.

　뷰튜버는 예뻐지는 노하우를 알려주는 유튜버를 지칭하는 말로 뷰티와 유튜버를 합친 말이다. 우리나라 여성들이 메이크업, 헤어스타일 등에서 남다른 관심을 가지고 있음은 잘 알려져 있다. 뷰튜버 톱 10에 들어가는 유튜버들은 수백만 명의 구독자를 거느리고 있다. 가장 많은 구독자를 확보한 뷰튜버는 포니로 477만 명을 넘어서고 있다. 이미 메이크업 아티스트로 알려져 있었던 그녀는 유튜버로서의 출발은 늦은 편이었으나 뛰어난 화장술과 영상 편집으로 빠르게 구독자를 확보했다. 이 밖에 방송사 분장실에서 8년 동안 일한 경력이 있는 이사배, 외국어에 능통해 해외팬까지 확보하고 있는 다또아 등은 120만 명이 넘는 구독자를 확보하고 있으며 인기 있는 영상은 530만에 육박하는 조회수를 기록하고 있다.

260만 구독자를 보유한 국내 최연소 유튜버 서은이야기의 신서은 양은 21개월 때부터 유튜브에 등장했다. 애정결핍 현상을 보인 자녀를 잘 키우기 위해 부모가 영상을 찍어 올린 것이 시작이다. 지금은 장난감이나 어린이 체험공간 후기를 주제로 한 콘텐츠를 다룬다. 2019년 기준, 82세인 최고령 유튜버 김영원 씨도 영원씨TV를 운영 중이다. 김 씨의 주요 콘텐츠는 먹방이며 구독자수는 16만 명이 넘는다.

국내 유튜브 구독자수 1위는 BTS와 기업형 유튜브인 원밀리언댄스스튜디오가 경쟁하고 있다. BTS는 워낙 잘 알려진 세계적인 스타지만 원밀리언댄스스튜디오는 아직 한국에서 모르는 사람들도 많다. 2015년 2월에 유튜브를 시작한 이후 3년 만에 구독자수 1000만 명을 넘겼고, 전체 누적 조회수는 30억 회를 넘었다. 원밀리언댄스스튜디오를 설립한 사람은 전설적 안무가로 불리는 리아킴. 리아킴은 CJ엔터테인먼트 안무가, JYP엔터테인먼트 안무가를 거쳐 독립했다. 선미, 트와이스, 아이오아이 등의 안무를 만든 것으로 유명하다. 리아킴은 자신이 창작한 안무를 동영상으로 만들어 직접 선보였는데 폭발적인 반응을 불러일으켰다. 그 외 실력 있는 안무가들이 합류하면서 원밀리언댄스스튜디오는 최강의 팀을 구축했다. 이들의 동영상을 보고 전 세계에서 춤을 배우려고 모여들면서 유튜브로 새로운 한류시대를 개척했다는 평가를 받았다.

유튜브가 이렇게 사람들을 많이 끌어 모으는 이유는 언제 어디서나 쉽게 접근가능하며, 공짜고, 없는 것이 없는 다양성 때문이다. 유튜버들 또한 콘텐츠만 좋으면 구독자수를 늘릴 수 있고, 유튜브의 보상구조가 매력적이기에 유튜브에서 활동한다. 유튜버의 수익은 동영상에 붙는 광고에서 나온다. 구독자수가 1000명을 넘고 지난 1년간 채널 시청 시간이 4000시간 이상인 유튜버는 구글의 광고중개 시스템인 애드센스를 이용할 수 있다. 업계에서는 동영상 1뷰당 1원가량의 수익이 유튜버에게 돌아가는 것으로 알려졌지만 수익이 꼭 조회수에 비례하는 것은 아니다. 동영상의 시청시간이나 조회수 등을 애드센스의 알고리즘으로 조정해 수익을 배분한다.

유튜버들은 오프라인에서도 영향력을 행사한다. 유튜버들이 먹고, 입고, 사용하는 제품들이 구독자들에 의해 구매되고, 확산된다. 이들은 영향력 있는 개인, 즉 인플루언서Influencer라고 불린다. 유튜버들의 상업적 가치는 이미 하나의 산업생태계를 이룬다.

MCN(다중채널 네트워크) 사업자들은 유튜버들의 마케팅, 저작권 관리, 콘텐츠 유통 등 다양한 영역을 지원하고 수익의 일부를 챙긴다. 국내 최대 규모의 MCN 사업자인 다이아 티비DIATV의 경우, 총 1400여 개 유튜브 채널과 파트너십을 맺고 있다.

유튜버의 활약상에 대해 살펴보았지만 아직 실감이 나지 않을 수 있다. 한국 ABC협회가 2017년 11월에 발표한 일간신문 발행 및 유료부수 조사에 따르면 전국 종합 일간지 11개사의 총 발행부수는 476만 7648부, 총 유료부수는 376만 2730부였다. 지난 5년 동안 매년 100만 부 이상 감소해왔다. 제이플라의 구독자수는 1000만 명을 넘었고, 원밀리언댄스스튜디오의 구독자수도 1300만 명을 넘었다. 단순 비교하기는 어렵지만 짧은 시간에 기하급수적으로 구독자수를 늘려가는 유튜브 동영상의 특징을 감안하면 광고 효과나 영향력이 앞으로 더욱 커질 것임은 분명하다.

환경이 이렇게 빠르게 변화하다보니 기업의 마케팅이나 고객 전략 등도 변화하고 있다. 유명 유튜버들과의 협업, 전략적 제휴를 하는 사례가 늘고 있다. 신세계인터내셔날은 2018년 8월 유명 스니커즈 유튜버 와디WADI와 함께 S.I_랩에서 리사이클링 팝업 스토어를 열었다. 사람들이 입지 않는 티셔츠를 기증받아 세탁한 뒤 와디가 자신의 채널에서 주로 사용하는 'I KNOW NOTHING BUT RETRO'라는 문구를 프린트해 새로운 상품으로 만들었다. 그중 300장은 판매하고 나머지 200장은 기증했으며 판매수익금도 전부 기부했다.

기업이 인기 유튜버들을 활용하려는 것은 당연하다. 유튜브 사용시간이 전 연령대에 걸쳐 증가하고 있고, 특히 10~20대에서 더욱 크기 때문에 유튜버들에 대한 영향력을 확보하려면 소셜미디어, 특히 유튜브나 페이스북과의 연계가 필수적이다. 로레알이 스타일난다를 인수한 것도 소셜미디어의 파급효과와 이미 구축된 팬덤의 경제적 가치를 인정해서다. 유튜버를 광고에 활용하는 움직임도 활발하다. MBC 〈라디오스타〉 등의 프로그램에 출연할 정도로 잘 알려진 뷰튜버 이사배는 아모레퍼시픽 프리메라 광고 모델로 기용됐다. 2018년 MBC는 러시아월드컵 디지털 해설위원으로 축구 전문BJ 감스트를 임명했다. 그가 중계한 러시아월드컵 한국-멕시코 경기는 아프리카TV 역대 최고 동시 시청자수인 35만 명을 기록했다.

홈쇼핑업계의 변화도 빠르게 일어나고 있다. 홈쇼핑업계 타깃이 중장년층에서 2030으로 전환되고 있는 데다 TV에서 모바일로 채널이 바뀌었다. CJ오쇼핑은 유명 뷰튜버와 개그맨 출신의 쇼호스트 유인석 씨를 내세워 모바일 생방송채널 〈쇼크라이브〉를 개국했다. 리빙 및 인테리어 상품 등을 판매하는 〈겟꿀쇼〉에서는 가전제품 유튜버인 가전주부가 진행을 맡는다. 롯데홈쇼핑은 유튜브 스타인 박막례 씨를 영입해 〈막례쑈〉를 진행하고 있다.

미국의 글로벌 마케팅업체 미디어킥스Mediakix는 인플루언서 마케팅 시장 규모가 2015년 567억 원을 기록했다면서 2020년에는 11조원까지 성장할 것으로 전망했다. 인플루언서들은 팔로워와 팬들을 기반으로 수많은 유형의 수익모델을 만들어내고 있는데 광고는 그중 하나다. 인플루언서를 활용한 광고는 기존의 광고보다 비용이 적게 드는 편인 데다가 그들이 수많은 팔로워들을 확보하고 있다는 점에서 매력이 있다. 팔로워가 많을수록 더 많은 구매가 이뤄지고 이 구매를 발판 삼아 더 좋은 상품을 확보해 더 많은 구매를 불러일으키는 선순환이 이뤄지기 마련이다.

고객을 팬으로 만든다는 것은 기업의 리더들에게 낯선 개념이다.
지금까지 기업의 리더는 제품이나 서비스를 잘 만들고, 마케팅을
잘하면 되는 것이었다. 제품이나 서비스가 얼마나 훌륭한지 광고
등을 통해 잘 보여주면 그만이었다. 고객의 필요를 충족시키는 제
품이나 서비스라면 잘 팔렸다. 하지만 지금은 변해도 너무 변했
다. 고객은 지나치게 많은 제품과 서비스에 둘러싸여 있으며, 홍
보나 마케팅, 광고 역시 넘쳐난다. 고객은 진짜 광고나 홍보영상
을 보면서 광고 건너뛰기를 누르기 바쁘다. 고객의 인내심은 바닥
이 났으며 너무 비슷비슷한 광고들에 지쳐서 쳐다보고 싶지도 않
은 상태다. 한마디로 초공급과잉 사회다.

　여러분의 조직은 어떤 단계인가. 여러분의 조직구성원은 조
직이나 상품, 리더에 대해 팬심을 갖고 있는가. 고객은 팬심을 갖

고 있는가. 사실 구성원과 고객의 팬심은 분리된 것이 아니다. 구성원이 사랑하고 주변에 널리 알리고 싶어 하는 조직이라면 고객 팬은 저절로 따라온다. 그것이 바로 지금 잘나가는 기업들이 하고 있는 방식이다.

밀레니얼 세대의 특징을 최대한 이해하면서 마케팅을 하지 않으면 외면받을 뿐만 아니라 조롱을 당하기도 한다. 하지만 이들의 호기심, 재미를 추구하는 성향, 게임을 즐기는 특징 등을 제대로 건드리기만 하면 걷잡을 수 없는 속도로 퍼지면서 확대재생산 되고 화제를 불러일으킨다.

전문가 수준의 고객을 조직원으로 참여시키고, 연결함으로써 팬으로 만들 수 있다. 우리 기업의 제품을 분석하는 고객들이 있다면 경계하거나 적으로 만들지 말아야 한다. 오히려 그들을 우리 편으로 만들어야 한다. 그들의 의견을 경청하고, 반영하고, 감사를 표한다면 곧 팬으로 변신할 수도 있다. 이런 과정을 통해 인플루언서와의 협업을 고려해보자. 화장품업체라면 유튜버들과 함께 캠페인을 해보는 것도 좋다. 만약 기존 화장품업체와 차별화하기 위해 자연주의, 친환경 등의 콘셉트를 잡았다면 화장품성분을 분석하는 스타트업과 함께 진짜 좋은 제품을 찾아내기 캠페인을 해보면 고객의 호응을 얻을 것이다.

전 세계가 긴밀하게 연결돼 있는 환경에서 굳이 국내시장만 염두에 둘 필요가 없다. 유튜브의 시청자는 전 세계에 분포해 있다. 그러므로 어떻게 유튜브를 활용하느냐에 따라 글로벌시장으로 확장하는 계기가 될 수 있다. 마치 원밀리언댄스스튜디오와 제이플라가 그랬던 것처럼. 박막례 씨가 구글의 초청을 받아 실리콘밸리를 방문한 것과 같은 놀라운 일이 디지털 세상에서는 일어날수 있다. 공유가치가 있는 콘텐츠라면 국경의 장벽 없이 글로벌시장에 침투할 수 있다.

밀레니얼 세대 사원을 채용할 때 업종에 따라, 기업에 따라 덕후를 뽑아보는 것은 어떨까. 어떤 특정한 분야에 대한 마니아를 지칭하는 덕후들은 정말 높은 전문성과 애정을 가지고 있다. 이들을 구성원으로 채용하면 그들의 네트워크까지 회사의 자산이 될 수 있다. 그들의 신선한 시각은 신제품 개발이나 마케팅 등 모든 분야에 도움이 될 것이다. 만약 기업문화상 그들이 실력을 발휘하기 어려운 면이 있다면 그들을 어떤 형태로든 회사와 느슨하게 연결시키자. 커뮤니티도 좋고 덕후클럽도 좋다. 그리고 그들에게 재미있게 놀 수 있는 거리와 자원을 제공해보자. 우리 조직의 구성원과 연결시키는 방법도 잘 생각해보자. 밀레니얼 세대 사원과 연결시킨다면 시너지효과를 낼 수 있을 것이다.

어디서부터
출발할 것인가

지금 이 책을 읽은 조직의 리더들은 질문하고 싶을 것이다. '어디서부터 어떻게 문제를 풀어야 하는가?' 문제해결의 가장 중요한 출발점은 조직의 리더들이 인식을 명확하게 하는 것이다. 무엇보다 사람의 변화를 먼저 인식해야 한다. 사람은 고객이며 조직의 구성원이다. 그런데 고객도, 조직의 구성원도 예전에 알던 그들이 아니다. 게다가 그 변화의 속도와 폭이 광속이며 광폭이다. 이것은 어떤 기업도 피해갈 수 없는 명제다. 이와 같은 변화에 기업이 대응하려면 먼저 리더의 인식부터 변화해야 한다. 리더가 인식해야 조직도 인식한다.

(1) 인식의 변화를 이끈다
CEO가 쇄빙선의 선장으로 나서야 한다. 여기서 쇄빙선은 과거의 관습이나 행동양식이라는 얼음을 깨는 역할이며, CEO는 선장을 맡아야 한다. 이때 CEO는 임원 등 경영진과 한 팀을 이루어야 한다. 그렇게 경영진이 인식 변화에 함께 동참하면서 조직에 인식을 확산하는 것이 가장 바람직하다. 그런 다음 변화에 필요한 자원을 모으고, 실행할 준비가 된다면 성공가능성은 높아진다.

⑵ 고객 및 조직의 진단을 면밀히 진행한다

고객현황 분석 및 조직에 대한 내부진단을 시작한다. 고객에 대한 보다 정밀하고 구체적인 진단이 시작되어야 한다. 고객센터, 마케팅부서, 영업부서에 쌓여 있는 빅데이터를 정리하고 분석하는 작업이 필요하다. 밀레니얼 세대 고객의 비중, 증가추세 또는 감소추세, 그들의 주요 피드백 등을 체계적으로 분석해야 한다. 밀레니얼 세대 고객을 경쟁사에 뺏기고 있다면, 자연감소하고 있다면 비상벨을 눌러야 할 것이다.

그리고 조직의 진단이다. 이 과정은 인사와 관련한 피플people 부서와 긴밀하게 협의하면서 진행해야 한다. 가장 기초자료가 되는 것은 조직구성원에 대한 조사다. 밀레니얼 세대 조직구성원이 어느 정도 비중을 차지하는지, 그들의 퇴사율은 어떤지 등 필요한 핵심정보와 데이터를 미리 정한다. 다음으로는 설문지를 정교하게 구성하도록 한다.

인적자원 관리프로세스를 원점에서 검토하면서 조직이 앞으로 밀레니얼 세대의 인재를 제대로 채용하고 유지하면서 지속가능한 발전을 해갈 수 있는 문화, 환경, 성과 평가시스템, 각종 인사 관리 제도 등이 있는지 분석해야 한다. 이렇듯 고객 및 조직의 진단을 선행한 뒤 이들을 둘러싸고 일어나는 변화의 방향과 크기를 분석하고 진단하도록 한다.

⑶ 밀레니얼 세대의 특징과 연결한다

자유, 세분화하는 개인의 취향, 진정성, 재미추구, 소유보다 공유, 연결과 협업, 성장중시, 속도와 혁신, 초연결존재의 공유가치, 전문가며 글로벌인재 등의 특징을 연결하면서 고객과의 소통, 신세대 사원에 대한 동기부여 등을 탐색해가야 한다. 이런 키워드로 여러분의 고객을 어떻게 재정의하고 연결할지 생각해본다. 밀레니얼 세대의 인재를 채용하고, 그들이 마음껏 실력을 발휘할 수 있도록 하려면 과연 어떻게 해야 할까?

선택의 자유를 주라

밀레니얼 세대에게 자유는 처음과 끝이라고 할 만큼 중요하다. 자사제품을 선택하고 구매하는 모든 과정을 검토하면서 고객의 경험이 충분히 자유로운지 확인하고, 최대한 자유를 주도록 다시 설계한다. 지금 같은 환경에서는 모든 기업에 고객경험을 담당하는 전문가가 필요하다. 누군가는 그 일을 집중해서 담당하고 있어야 한다. 아마존의 창업자 제프 베조스의 말처럼 "고객에 대한 집착"이 있는 사람 말이다.

밀레니얼 세대 사원들에게 일과 삶의 균형을 추구할 수 있는 선택의 자유를 준다. 그들이 회사의 특징, 업무의 성격, 자신의 업무 등을 고려해 가능한 대안 중에서 선택할 수 있게 한다는 의미다. 직장에서의 근무시간, 근무형태, 장소 등에 대한 사원들의 선택의 자유를 넓히는 것이 반드시 비용을 증가시키는 것은 아니다. IT기업이나 스타트업에서처럼 개방적이고 투명한 논의와 의사결정 방식을 통해 정교하게 설계한다면, 선택의 자유를 제공하되 생산성은 오히려 높이는 긍정적인 효과를 불러올 수 있다.

개인의 취향을 존중하라

밀레니얼 세대에게 '나'는 세상의 중심이다. 개인의 취향을 중요하게 생각한다. 또한 다른 사람의 취향도 존중한다. 너의 취향을 존중하니 나의 취향도 존중해달라는 것이다. 개인의 취향을 중요하게 여기면 자연스럽게 고객이 세분화한다. 세분화된 시장을 발견하고 취향을 저격하는 비즈니스가 활발하게 일어나고 있다. 덕후 또는 마니아 수준으로 자신의 취향을 추구하는 고객에 대한 끈을 더욱 강하게 연결할 필요가 있다. 까다롭고, 세련되고, 깊이 들어가 있는 그들에게서 새로운 서비스 방향을 찾아낼 수 있다. 마치 한국의 맥주에 만족하지 못한 고객의 취향을 저격한 수제맥주 스타트업 더부스와 같이 말이다. 세분화된 고객의 취향을 저격하는 매력적인 스몰브랜드가 더 많이 등장할 것이므로 CEO의 고민이 필요하다.

이에 대응하는 방법으로 밀레니얼 세대 사원의 강점을 활용할 것을 권한다. 밀레니얼 세대를 중심으로 태스크포스팀을 구성해보라. 밀레니얼 세대 사원에게 자유와 과제, 그리고 칭찬과 기대감을 준다면 그들은 아마도 멋지게 과제를 수행해낼 것이다. 또래의 취향을 누구보다 잘 이해하는 그들은 회사에 도움되는 방향으로 움직이며 최선을 다할 것이다.

진정성을 보여주라

밀레니얼 세대는 세상을 더 나은 곳으로 만들겠다는 선의, 세상에 좋은 영향을 미치고 싶다는 임팩트, 친환경에 대한 호감 등을 갖고 있다. 보여주기 위한 선행에서는 냉소적이지만, 진심으로 오랫동안 지속해온 선행에 대해서는 자발적으로 공유하고 확산하는 것이 밀레니얼 세대 고객의 특징이다. 따라서 기업에서 좋은 일을 하더라도 지나치게 마케팅적으로 활용한다면 오히려 비웃음을 살 수 있다. 환경에 대한 감수성 측면에서 환경을 생각하는 정책을 실천하는 회사가 있다면 고객들은 어느 순간 알아챈다. 화장품 성분분석을 공개하는 앱 덕분에 작은 화장품업체가 순식간에 고객의 팬덤을 얻고 급성장하는 일이 벌어진 것도 이 때문이다.

조직의 일원으로서 밀레니얼 세대 역시 진정성을 중요하게 여기며, 진정성을 믿을 때 마음을 열고 완전한 한편이 된다. 따라서 조직의 사명이나 고객에 대한 애정 등이 분명하게 조직에 뿌리내리고 있어야 한다. 조직문화에, 조직구성원의 행동에 자연스럽게 배어야 한다. 이는 특히 CEO 등 조직의 리더들이 사명을 분명히 하고 이를 실천할 때 조직문화가 형성되고 사원들에게까지 자연스럽게 전파된다.

의미와 재미를 함께 담아라

밀레니얼 세대는 의미도 추구하지만 재미는 더 중요하다. 게임을 일상 속에서 즐겨온 세대인 만큼 일을 놀이처럼 즐기고, 게임화하는 데 열광한다. 본인의 취미생활을 아예 직업으로 연결하는 덕업일치가 늘어나는 것도 이 때문이다. 2018년 4월 유튜브에 공개된 LG생활건강 세제 피지Fiji의 광고제목은 '본격 LG 빡치게 하는 노래(불토에 일시킨 대가다 ㅎㅎ)'다. 대충 만든 것 같은 B급캐릭터에 은어, 속어도 등장하는 이 광고는 기존의 대기업 광고와 많이 달랐는데 밀레니얼 세대 고객의 호응이 뜨거웠다.

밀레니얼 세대 사원들에게 재미를 제공하자. CEO가 아무리 '급변하는 경영환경에서 우리도 변화해야 살아남는다'는 메시지를 수십 번 외쳐도 그들의 귀에 닿지 않는다. 그들의 귀와 마음을 잡으려면 다른 방법이 필요하다. 애니메이션이나 웹툰, 구성이 재미있는 동영상 등 다양한 방법이 있다. 만들기 힘들다면 이것 역시 밀레니얼 세대 사원들로 프로젝트팀을 구성해 해결할 것을 권한다.

혼자면서도 함께할 수 있는 방법을 고민하라

밀레니얼 세대는 소유하기에 경제적 능력이 충분하지 않고,

그렇다고 결핍된 채 살기에는 어린 시절부터 풍요로운 생활을 누려왔다. 그래서 등장한 것이 공유다. 차, 집, 가전제품 등 그들이 공유하는 것은 점점 늘어나고 있다. 공유가 확산되는 또 다른 이유는 혼자지만 외롭고 싶지는 않다는 정서다. 특히 집이라는 공간을 스마트하게 공유하는 방안은 앞으로 사업기회가 매우 클 것으로 예상된다. 이런 고객의 정서를 잘 반영하는 사업모델을 고민해본다.

밀레니얼 세대 사원들의 협업을 장려하기 위해 공간배치, 팀구성 등에 대해 검토해볼 것을 권한다. 공간배치에 관한 한 최근 잘나가는 스타트업인 토스, 알토스벤처스, 렌딧Lendit 등을 참고한다면 도움이 될 것이다. 조직문화, 일하는 공간 등에서 선구적인 기업을 들자면 현대카드다. 현대카드는 고객에 대한 공간, 조직구성원에 대한 공간을 만드는 데 압도적인 실력을 갖췄다.

일을 통해 성장할 수 있음을 보여주라

대부분의 밀레니얼 세대는 부모의 지원과 칭찬 등을 받으며 성장했다. 공교육뿐만 아니라 사교육도 풍부하게 받았고 여행, 인턴 등 다양한 체험도 많이 했다. 자신의 역량을 강화해서 더 높은 가치를 성취하려고 노력하는 것은 당연하다. 그들은 회사가 자신의 성장을 위해 다양한 교육과 훈련을 제공해야 한다고 생각한다. 만약 회사가 제공해주지 않으면 자신이 돈을 지불해서라도 학습 기회를 가지려 한다.

기업이 밀레니얼 세대 사원에게 제공할 수 있는 가장 바람직한 기회는 일을 통한 성장이다. 일을 통해 성장한다는 것은 조직이 상당히 높은 체계를 갖추어야 가능하다. 직무설계가 제대로 되어 있고, 보고체계가 간결하며, 피드백은 충실하고, 일하는 방식이 상호의존적이어서 협업이 잘되는 등의 요건은 필수적이다. 따라서 실력 있는 조직에서만 가능하다. 만약 우리 조직이 반드시 이렇게 되어야겠다고 생각하는 CEO라면 직속기구를 만들라. 반드시 밀레니얼 세대를 포함하되, 그 기구의 논의와 의사결정은 수평적으로 이루어지도록 보장해야 한다.

속도와 혁신은 당연하다

인터넷으로 전 세계와 연결된 환경에서 어린 시절을 보낸 밀레니얼 세대에게 커뮤니케이션은 즉시적이다. 그들은 빛보다 빠른 속도로 연결되는 세상에서 자라 인내심이 없다. 상대에게 메시지를 보내면 빠르게는 수 초 내에, 늦어도 몇 분 내에 답이 오기를 기다린다. 그리고 일방적이고 수직적인 커뮤니케이션을 견디기 힘들어한다. 그들에게는 몇 개월 전의 기술이 구식이다. 회사의 홈페이지나 고객센터의 대고객 반응속도가 어떤지 확인해보기 바란다. 고객의 불편사항을 바로 응대해주는 라이브챗의 도입을 즉시 검토해보기를 권한다.

밀레니얼 세대 사원에게도 속도와 혁신이 중요하다. 피드백은 빠르게 해주는 것이 좋다. 또 입사와 함께, 아니 입사하기 전의 채용단계에서부터 조직의 문화와 인재상 등에 대해 구체적으로 공유하고 확인해야 한다. '세계적 인재, 창의적 인재' 등의 표현은 더 이상 쓰지 말자. 오히려 '회사 복도를 지나가다 쓰레기가 있으면 줍는 것을 당연하게 생각하는 사람'이 그들에게는 기업의 문화와 인재상을 보여주는 좋은 표현이다. 또한 구체적으로 빠르게 의사소통해야 한다. 이때 권위와 직급으로 누르려고 하거나 과업이나 이유 등을 제대로 설명하지 않는다면 부작용이 더 클 수 있으니 주의해야 한다.

공유가치가 최우선이라는 걸 잊지 마라

초연결사회의 존재로서 밀레니얼 세대는 소셜미디어로 공유할 거리가 필요하다. 소셜미디어에서의 공유, 친구들의 추천과 '좋아요' 등은 그들에게 소중하다. 사회적 화폐로 여겨질 만큼 밀레니얼 세대에게 소셜미디어에서의 공유는 가치를 지닌다. 고객에게 멋진 사진을 찍는 것, 이야깃거리가 있는 것, 희귀한 것 등 공유할 가치가 있는 콘텐츠를 제공하도록 노력해야 한다. 요즘 밀레니얼 세대가 40~50년 전의 아날로그적인 제품이나 분위기에 빠져드는 것도 특이하게 보이고, 재미있는 스토리가 있기 때문이다.

전문가며 글로벌인재인 그들의 생각을 경청하라

인터넷에 무궁무진하게 존재하는 정보를 자기 나름대로 찾아내고, 분석하고, 공유하는 것은 밀레니얼 세대에게 어려운 일이 아니다. 그들은 자신이 아는 것을 토대로 1인 미디어를 운영하는

데 어려움이 없다. 화장품이나 아기용품, 화학제품, 의약품 등의 성분을 분석하는 실력도 전문가 못지않은 사람들이 많다. 이제 누구나 새로운 형태의 전문가로 등장할 수 있다. 그리고 그들에게 세상은 처음부터 글로벌이었다. 성공한 유튜버들은 전 세계에 시청자를 보유하며 언어도 제약이 되지 않는다. 전문가 고객을 위한 커뮤니티를 만들어 의견을 경청하고, 그들의 제안을 반영해서 제품과 서비스를 개발하고, 이에 대해 충분히 감사를 표현하는 것은 밀레니얼 세대 고객을 팬으로 만드는 가장 좋은 방법이다.

(4) 실행으로 변화를 이끌어라

모든 과정은 CEO의 관심과 실행력이 있어야 가능하다. 조직도, 구성원도 언제나 하던 대로 하고 싶어 한다. 관성을 깨고, 변화를 추진하기 위해서는 강력한 동인이 필요하다. CEO가 직접 그 변화를 주도할 때 성공가능성이 높아진다. 여러분의 실행을 응원한다!

| 주석 |

1. 《사장은 어떻게 일해야 하는가》, 톰 피터스 외 지음, 이윤진 옮김, 앳워크, 2018.

2. 《디지털네이티브》, 돈 탭스코트 지음, 이진원 옮김, 비즈니스북스, 2009.

3. 《밀레니얼 제너레이션》, 린 랭카스터·데이비드 스틸먼 지음, 양유신 옮김, 더숲, 2010.

4. https://www.ft.com/millennial-moment, Millennial moment: the business of a generation

5. 《Keeping the Millennials》, Joanne Sujansky·Jan Ferri-Reed, JohnWiley&Sons Inc., 2009.

6. 《When Generations Collide》, Lynne Lancaster·David Stillman, HarperBusiness, 2003.

7. 《밀레니얼 제너레이션》, 린 랭카스터·데이비드 스틸먼 지음, 양유신 옮김, 더숲, 2010.

8. Marc Prensky, 'Digital Natives, Digital Immigrants', 《On the Horizon》 Vol.9 No.5, 2001년 10월.

9. 《디지털네이티브》, 돈 탭스코트 지음, 이진원 옮김, 비즈니스북스, 2009.

10. '요즘 애들의 사적인 생각: 참어른과 꼰대의 차이', 퍼블리(https://publy.co/content/1396)

11. '새로운 엘리트의 탄생: 뉴칼라 컨피덴셜', 퍼블리(https://publy.co/content/1715)

12. '새로운 엘리트의 탄생: 뉴칼라 컨피덴셜', 퍼블리(https://publy.co/content/1718)

13. 《히트 리프레시》, 사티아 나델라 지음, 최윤희 옮김, 흐름출판, 2018.

14. 1882~1967. 미국의 대표적인 사실주의 화가. 20세기 미국인의 삶의 단면을 무심하고 무표정한 방식으로 포착함으로써 인간 내면에 깃들어 있는 고독과 상실감, 단절을 표현했다. 그의 작품에서 공간과 빛, 인물이 어우러져 빚어내는 풍경은 현실이라는 표피에 감싸인 내부로의 응시며, 이로 인한 감각을 일깨워준다.(두산백과)

15. A급에 대비되는 용어로 비주류의, 세련되지 않은 느낌을 뜻한다.

16. 1997년 7월 22일부터 일본의 《주간소년점프》에서 연재 중인 오다 에이치로(尾田栄一郎)가 그린 만화로, 해적왕이 꿈인 소년 루피와 밀짚모자 해적단의 모험 이야기를 그리고 있다. 국내에도 번역본 만화책이 출간되어 선풍적인 인기를 끌었다.(위키피디아)

17. 'Flexibility crucial in attracting millennials', Financial Times, 2015.09.30.

18. 《파워풀》, 패티 맥코드 지음, 허란·추가영 옮김, 한국경제신문, 2018.

19. '빨간 로고 하나 덕분에…《뉴욕포스트》23만 부 출근길 완판', 《조선일보》, 2018.08.16.

20. 냉면을 즐기는 것에 대한 자부심.

21. 맨스플레인이라는 용어에서 '맨'을 '면'으로 바꾸어 고안해낸 용어. 맨스플레인이란 남성이 여성에게 가르치려는 행위를 말한다. 면스플레인이란 면에 대해 잘 안다고 생각하는 사람들이 그것에 대해 가르치려는 행위다.

22. 아이돌, 영화, 드라마, 소설, 애니메이션 등 문화장르 전반에서 사용되는 단어로, 해당 장르에 소속된 특정 인물이나 그 장르 및 인물의 아이덴티티를 나타낼 수 있는 모든 요소를 담은 상품을 의미한다.

23. 《트렌드코리아 2019》, 김난도 외 지음, 미래의 창, 2018.

24. '새로운 엘리트의 탄생: 뉴칼라 컨피덴셜', 퍼블리(https://publy.co/content/1715)

25. 연기금과 자산운용사 등 기관투자가가 주인의 재산을 관리하는 집사(steward)처럼 기업의 의사결정에 적극 참여해 주주로서의 역할을 충실히 수행하고, 위탁받은 자금의 주인인 국민이나 고객에게 이를 투명하게 보고하도록 하는 행동지침이다.

26. 《구글처럼 생각하라》, 이승윤 지음, 넥서스BIZ, 2016.

27. 2018년 4월 오쿠라 키쿠오 사장이 신임사장으로 부임했다.

28. '토스의 기업문화', 이승건 대표 출연(https://www.youtube.com/watch?v=82W9lBFT0-c)

29. '민첩한 조직'이라는 뜻으로, 환경의 변화에 신속하게 대응할 수 있는 조직구조, 조직문화, 일하는 방법 등을 추구한다.

30. 《디지털네이티브》, 돈 탭스코트 지음, 이진원 옮김, 비즈니스북스, 2009.

31. 독일에서 저속하고 값싼 그림을 지칭하는 속어로 쓰이기 시작했으나 1960년대 이후 팝아트의 등장으로 하나의 장르로 인정받기 시작했다. 키치는 본래의 기능을 거부하는 특성, 충동이나 수집의 특성, 값이 싸야 하며 축적의 요소를 가지는 특성, 낭만적 요소를 포함하며 상투성과 쾌적함의 요소를 가지는 특성, 여러 요소

들을 조금씩 가지고 있는 중층성의 특성 등이 있다. 키치의 이러한 사용기능에 사회적 기능이 부과돼 키치를 하나의 사회적 현상으로 봐야 한다는 것이다.

32. '구찌는 롤러스케이트장, 프라다는 파친코 연 백화점', TTimes, 2018.11.09.

33. 두산백과.

34. '별걸 다 개척하는 괴짜들을 위한 안내서', 《한겨레신문》, 2018.06.04.

35. '소속 가수 없는 이상한 음악회사, 스페이스 오디티', 블로터, 2018.12.11.

36. '도요타도 소유보다 공유… 자동차 판매전략 대전환', 《경향신문》, 2018.11.02.

37. 이재웅 쏘카 및 소셜벤처인큐베이터 소풍 대표의 페이스북, 2018.11.09.

38. 《구글처럼 생각하라》, 이승윤 지음, 넥서스BIZ, 2016.

39. '스토리텔링과 힙합 틈새 시장 공략. 방탄소년단 빈틈없는 전략 통했다', 《동아비즈니스리뷰(DBR)》, 2017년 4월 223호.

40. 《참여감》, 리완창 지음, 박주은 옮김, 와이즈베리, 2015.

41. '그들이 블루보틀로 가는 까닭은?', 《아주경제》, 2017.09.03.

42. 《블루보틀에 다녀왔습니다》, 양도영 지음, 스리체어스, 2018.

43. 문효은 아트벤처스 대표 개별 인터뷰.

44. https://publy.co/

45. https://outstanding.kr/

46. https://www.instagram.com/p/BnQxuJkh-Ex/?taken-by=newneek.official

47. '세상을 바꾸는 청년기업가들', 《탑클래스》, 2018년 9월호.

48. '모노클, 미디어를 말하다', 퍼블리(https://publy.co/set/100)

49. 'LG화학 신입사원들이 임원 워크숍에 간 이유는?', LG화학홈페이지 뉴스룸 (http://m.lgchem.com/kr/lg-chem-company/information-center/press-release/news-detail-2746), 2018.09.02.

50. 'Big business fights back in the battle for millennial talent', Financial Times, 2018.09.11.

51. '밀레니얼 세대의 특성은 뭘까 기업도 변해야 한다', 《이코노믹리뷰》, 2016.09.27.

52. 《트렌드코리아 2019》, 김난도 외 지음, 미래의 창, 2018.

53. '료칸시대 끝났다고 할 때 사람에 집중', 《동아비즈니스리뷰(DBR)》, 2018년 8월 254호.

54. 《아날로그의 반격》, 데이비드 색스 지음, 박상현·이승연 옮김, 어크로스, 2017.

55. '독일 100년 기업 라이카의 비밀… 디지털 혁신 속 아날로그감성 터치', 《매경이코노미》, 2018.07.04.

56. 창업 아이디어나 아이템만 존재하는 단계의 신생 스타트업을 발굴해 업무공간 및 마케팅, 홍보 등 비핵심업무를 지원하는 역할을 하는 단체를 이른다. 창업기업에 사무실, 컨설팅 서비스를 제공할 뿐 아니라 마케팅·전략 등 각 분야의 세계적 전문가들을 멘토로 연결시켜주기도 한다. 이는 벤처인큐베이터와 비슷한 개념이지만, 벤처인큐베이터가 엑셀러레이터보다 앞서 창업 직후의 초창기 스타트업기업을 지원하는 기관이나 기업이라는 점에서 차이가 있다.(《시사상식사전》, 박문각)
57. 유튜브 구독자 10만 명이 넘는 유튜버에게 주는 상이다.
58. '제이플라, 한국보다 해외에서 더 인기 있는 커버송 유튜버', 《Daily Pop》, 2018.08.13.

밀레니얼과 함께 일하는 법   초판 1쇄 2019년 1월 31일 발행
세대차이를 성장에너지로 바꾸다   초판 6쇄 2023년 2월 3일 발행

이은형 지음   ISBN 979-11-5706-143-3 (03320)

만든 사람들

편집관리	배소라
디자인	mmato
마케팅	이도형 최재희 맹준혁
인쇄	한영문화사

펴낸이	김현종
펴낸곳	(주)메디치미디어
경영지원	이도형 이민주
등록일	2008년 8월 20일
	제300-2008-76호
주소	서울시 중구 중림로7길 4, 3층
전화	02-735-3308
팩스	02-735-3309
이메일	editor@medicimedia.co.kr
페이스북	facebook.com/medicimedia
인스타그램	@medicimedia
홈페이지	www.medicimedia.co.kr